投資家の心理が読める

FX

FOREIGN EXCHANGE
CHART COMPENDIUM

チャート
大全

田向宏行 監修

池田書店

大事なのは「これからの値段」

「今日の22時現在の為替相場は、 1ドル151円33銭です」

　夜のニュース番組が終わろうとするとき、アナウンサーが日経平均株価などと併せて、そう読み上げます。続けて「円安」「円高」など、前日と比べたドル円相場の状況（前日比）を言っています。

　ＦＸを始めたばかりの方は、日々の円安・円高など為替に関連したニュースがとても気になることでしょう。確かに円安となるか、円高となるかは、日本経済の発展のカギを握る要素のひとつです。

　しかし、ＦＸで収益を得るという点では、こうしたニュースはほとんど役に立ちません。なぜなら、ニュースで示される値段（為替レート）は、「その瞬間の値段」に過ぎないからです。

　投資全般において、**利益を得るために大事なのは「これからの値段」**です。ＦＸであれば、今日の値段より明日以降の値段は上がるのか、下がるのか、という判断です。

これから上がるのか、下がるのか

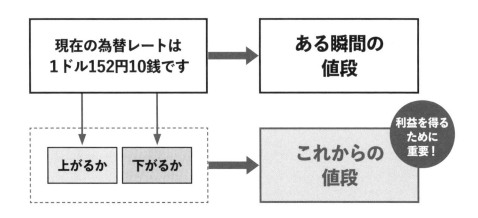

現在の為替レートは
1ドル152円10銭です
→ ある瞬間の値段

上がるか　下がるか
→ これからの値段

利益を得るために重要！

ＦＸは「値段差」があれば利益になる

　株式投資は基本的には相場が上がっていかなければ利益を得ることはできません（これを現物取引といいます）。日本株に投資して利益を上げようとする場合、日本企業が成長していかなくてはなりません。

　一方でFXは、**相場が上がっても下がっても利益を狙えます**。つまり、円の値段が上がっても（円安になっても）、下がっても（円高になっても）、いずれでも利益を狙えます。とにかく「**値段差**」が損益に直結するのです。

　拙著『臆病な人でも勝てるＦＸ入門』（池田書店）でも書いたように日本経済がどうなろうと関係なく、好景気、不景気に関わらず、いつでも利益を狙うことができるのです。

「ＦＸは値段が上がっていても、下がっていても、値段差を取ればいい」とシンプルに考えられると、まず一歩、利益に近づきます。こうした取引の本質を知らずに、国際政治・経済などの表面的、かつ複雑なことばかりに注目しても、ＦＸ取引では意味はありません。

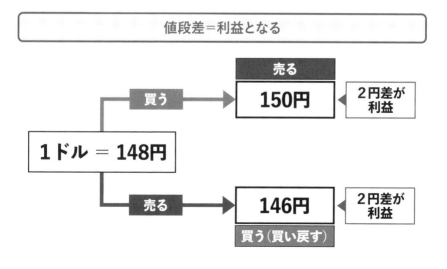

値段差＝利益となる

チャートが示す「事実」が取引に重要

　では、どうやって値段差を見つければいいのでしょうか。そのために必要なのが、**値動きを記録したチャート**です。

　株価チャートを見たことがある人も多いと思いますが、ＦＸチャートもそれと同じしくみです。見た目もあまり変わりません。過去の値動きが白と黒の棒で記録されています。

　ＦＸの市場には常に売り手と買い手がいて、両者の合意で取引が成立します。世間一般の市場の取引と同じです。その成立した取引の結果が値動きとしてチャートに記録されていきます。

　つまり、チャートは過去の「事実」を示しています。この「事実」が、FXを行うにあたって、とても大事なのです。

【USD／JPY】

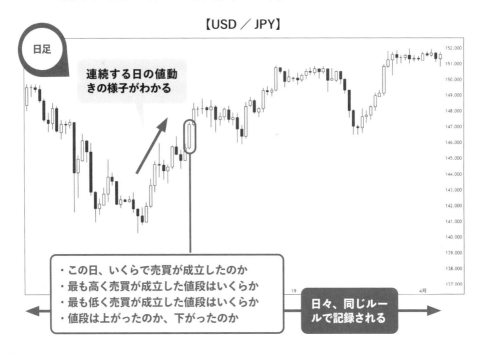

日足

連続する日の値動
きの様子がわかる

・この日、いくらで売買が成立したのか
・最も高く売買が成立した値段はいくらか
・最も低く売買が成立した値段はいくらか
・値段は上がったのか、下がったのか

日々、同じルー
ルで記録される

値動きには、相場のすべてが含まれている

　なぜなら、金融市場には事実かどうかわからない情報が多数行き交っているからです。噂やさまざまな立場の人の情報発信などがそうです。多くの個人投資家が本当かどうかわからない情報に振り回され、確率の低い取引をしてしまい、資金を失います。

　ＦＸをするうえで「事実は何か」という視点を持つことは、「値段差が利益」と併せて最も大事なことなのです。

　この**事実こそが、先ほど述べたようにチャート＝値動き**です。値動きには、相場のすべてが含まれています。相場が動いた理由や原因の真実は実にさまざまで、誰もわかりません。それゆえ、チャートを見て、「**過去の事実をもとに、相場がこれらかどうなるかを考える**」のです。

【USD ／ JPY】

日足

過去の事実

買いサイン ←

底値圏で同じ高さの3つの谷（三山）を形成した後、ネックラインを上抜けた

　本書は、この為替チャートを一から紐解き、どこを見るのか、どこで売買を判断するのか、実際の為替チャートをもとに解説していきます。

さまざまな局面が訪れる為替市場で「買う」「売る」が判断できるように、基本的なパターンから状況ごとのパターンまで100個示しています。相場にはパターン、言い換えれば一定のクセのようなものがあります。そのクセを知っておくことで判断の精度が高まるのです。

【USD ／ JPY】

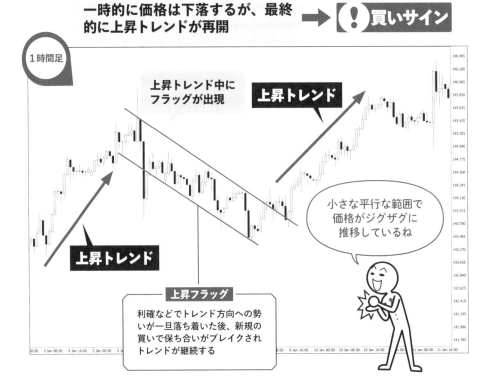

本書を効果的に使うために

　本書では、まず**チャートの基本となるローソク足について、チャートパターンを豊富に用意し、値動きの特徴と値動き分析について説明**していきます。後半では**テクニカル分析の王道である移動平均線を説明したのちに、利用しやすいものを厳選**し、見るポイントを絞って紹介しています。状況によって有効なパターンは違うので、慣れない方は下の図を参考にパターンを見つけてみましょう。

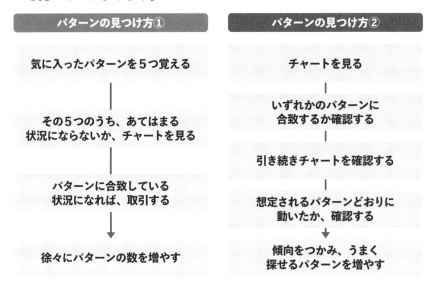

パターンの見つけ方①

気に入ったパターンを5つ覚える

**その5つのうち、あてはまる
状況にならないか、チャートを見る**

**パターンに合致している
状況になれば、取引する**

徐々にパターンの数を増やす

パターンの見つけ方②

チャートを見る

**いずれかのパターンに
合致するか確認する**

引き続きチャートを確認する

**想定されるパターンどおりに
動いたか、確認する**

**傾向をつかみ、うまく
探せるパターンを増やす**

　最後に特別な出来事で起こる、少々特異な動きを紹介します。また、各章で練習問題を設けています。実際にチャートを読めるようになったのか、このテストで試してみてください。

　本書を活用することで、相場の状況ごとに適切に「買う」「売る」を判断し、FXで成果を上げることができれば、うれしく思います。

監修　田向宏行

各ページの見方

─ キーワード ─

そのセクションで解説するパターンや事柄を「酒田五法」や「移動平均線」「グランビル」などのようにジャンル分けしています。

─ 投資タイプ ─

紹介するパターンが「買い（ロング）」か「売り（ショート）」、「順張り」か「逆張り」、取り上げるテクニカル指標が「トレンド」か「オシレーター」かなど、どの場面でどう分析するかを示しています。

─ 勝ちにつながるテーマ ─

為替チャートの基本や相場でよく見られるパターン、よく使われる指標を網羅しています。

─ 解説 ─

FXに必要なチャートの基礎的な情報や、チャートのなかでパターンがどういう状況で発生するかを解説しています。また、パターンから何が読み取れるかなども解説しています。

酒田五法　　順張り

トレンド継続を示す酒田五法④　　三法

三法は、トレンドから保ち合いに突入した際、再びトレンド方向に上昇・下落を続けていくのかを見極めるサインで、主に順張りで役立ちます。

トレンドの継続を確認できるサイン

酒田五法の「三法（さんぽう）」は、トレンドが一度調整し、再度、上昇・下降が継続するポイントを判断するチャートパターンです。上昇相場では「上げ三法」、下降相場では「下げ三法」の２つに区別され、上げ三法の場合は「大陽線（50ページ参照）・保ち合い・大陽線」、下げ三法の場合は「大陰線（50ページ参照）・保ち合い・大陰線」が基本的な組み合わせとなります。

上下どちらの三法も、**トレンドが一度保ち合い状態になり、それぞれ上限や下限をブレイクすることでトレンド継続を判断します。**

大陽線・大陰線のラインが肝になる

上げ三法では、上昇トレンド中に大陽線が出現し、続くローソク足で高値を更新できない場合、大陽線の高値から水平線を引いておきます。しばらく保ち合いが続いた後、**高値から引いたラインを大陽線で上抜ければ上昇継続のサイン**となります。

下げ三法はその逆で、下降トレンド中に大陰線を付けた後に保ち合いとなれば、前回の安値から水平線を引き、そのラインを大陰線で下抜ければ下降継続のサインです。

実践！ トレンド途中に保ち合いが発生すると、単なる調整か、反転の前段階なのかが判断しづらいが、三法を使うとその区別を行いやすい。

94

さらに踏み込んだ情報

プラスα………本文の解説を補足する情報や、知っておくべき情報を紹介。
身につける！…売買における格言や、相場に臨むうえでの心構えを紹介。
CHECK！……本文の解説を補足する情報や、知っておくべき情報を紹介。
用語解説………FXを行ううえで知っておくべき単語を解説。

紹介するパターン

パターンを100種、紹介しています。一覧は14ページ。

売買サイン

⚠買いサイン

紹介するパターンのどこが「買い」の判断基準になるかを示しています。

⚠売りサイン

紹介するパターンのどこが「売り」の判断基準になるかを示しています。

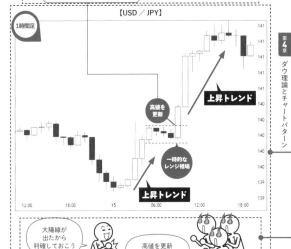

| パターン30 | 上昇トレンド継続を示す「上げ三法」 |

上げ三法
高値を更新できずレンジ相場となった後に大きく上抜けした → ⚠買いサイン

【USD／JPY】

1時間足

高値を更新 / 一時的なレンジ相場 / 上昇トレンド

第4章 ダウ理論とチャートパターン

大陽線が出たから利確しておこう / 高値を更新したから買おう

プロのアドバイス
上昇トレンドに乗れるので、順張りを狙う場合は大陽線後の値動きに注目しましょう

95

パターン解説

実際のチャートを用いてパターンを示し、発生する状況や注目するポイントを解説しています。

投資家心理

チャートから読み取れる投資家心理をイラストを用いて示しています。

プロのアドバイス

パターンを使ううえで特に注目すべきポイントを投資のプロの視点で解説しています。注意すべき点も紹介しているので、よく読んで活用しましょう。

CONTENTS

第4章　ダウ理論とチャートパターン

第5章　ローソク足と移動平均線

第6章　テクニカル指標を使った値動きの分析

第7章 状況ごとのチャートパターン

第 **1** 章

トレードの基本

チャートを見る
心構え

FXで利益を得るには、適切な売買タイミングを探すことが大切です。その際に役立つチャートは、取引に欠かせない基本材料といえます。まずはチャートの基本知識を身につけましょう。

Keywords

● 取引のしくみ

● 証拠金

● 取引時間

● 通貨ペア

● チャートの基本

● 見る目的

● 利確と損切り

● 相場の傾向

2つの通貨間での
レートの変動を利益にする

海外旅行へ行ったときなどに、日本円を異なる通貨に交換したことがある人もいるでしょう。FXのしくみも、基本的にはこれと同じようなものです。

通貨を交換する取引は身近なところにもある

外国為替は私達にとっても身近な取引です。たとえば日本人が米国に旅行に行く場合、米ドルがその国の通貨であるため、現地で買い物をするには日本円を米ドルに交換する必要があります。こうした、異なる通貨を交換する取引が「外国為替取引」です。

また、円を米ドルに交換する際の比率は、その時々の状況によって変化し、この交換比率のことを「為替レート（以下レート）」と呼びます。

ここまではみなさんもおおよそおわかりでしょう。では、本書で説明するFXとは何か。「**Foreign Exchange**」の略で、「**外国為替証拠金取引**」のことです。

価格の変動を利用して利益を得る

FXは証拠金、いわゆる担保を用いた取引です。**直接通貨の交換をしているわけではありませんが、基本的なしくみは為替の取引と似ています。**

円と米ドル、ユーロと米ドル、ポンドと円など、異なる通貨を対象に取引を行います。例えば、米ドル円のレートが「1ドル＝100円」のときに米ドルを買い、「1ドル＝120円」までレートが上昇したときに円に戻せば20円分の利益が出ます。このように、**2つの通貨間でのレートの変動を利用して、その差額を利益にするのがFXの基本的な考え方です。**

☑Check! 「日本円（JPY）」のほかにも「米ドル（USD）」や「ユーロ（EUR）」、「英ポンド（GBP）」などさまざまな通貨がある。

外国為替取引のしくみ

外国為替取引　異なる通貨を交換する取引のこと

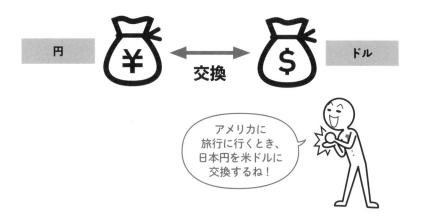

円 ← 交換 → ドル

アメリカに旅行に行くとき、日本円を米ドルに交換するね！

証拠金取引のしくみ

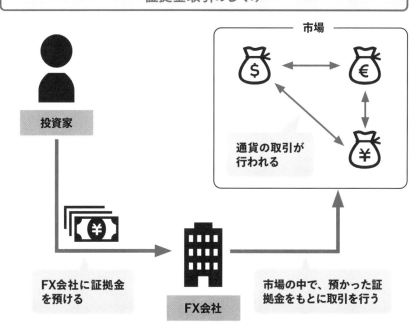

市場

通貨の取引が行われる

投資家

FX会社に証拠金を預ける

FX会社

市場の中で、預かった証拠金をもとに取引を行う

通貨のレートが上がっても下がっても利益を狙える

株式投資では銘柄の株価が上がれば利益が出ますが、FXでは通貨の価値が上がっても下がっても利益を狙えます。そのしくみを解説していきます。

レートが上がっても下がっても利益を出すことができる

　FXではFX会社の口座に預けたお金のことを「証拠金」といいます。そのため、FXは通貨を直接売買しているわけではなく、**預けた証拠金をもとに「通貨Aを買って、通貨Bを売る」という取引をしているのです**。たとえば、「米ドルを買って円を売った」場合、米ドル円の買い建てとなり、「米ドルを売って円を買った」場合、米ドル円の売り建て、という取引になります。株式投資のように特定の銘柄を取引しているのではなく、**「レートの上下によって利益の出る契約」を取引しているイメージです**。つまり、レートが上がっても下がっても利益を狙うことができます。

少額でも大きな利益を生み出せるレバレッジ

　また、FXでは証拠金にレバレッジをかけることができます。**レバレッジとは「てこ」を表す言葉で、てこの原理のように小さな証拠金で大きな資金の取引ができるしくみです**。金融庁に認可されている国内のFX会社では最大25倍までレバレッジをかけられます。**証拠金が10万円の場合、最大250万円分の取引が可能となり、利益も25倍となります**。ただし、裏を返せば損失も25倍になる可能性があるということ。レバレッジもかけるかは任意であり、その倍率も調節可能です。自分の資金力や狙いたい利益の額、負えるリスクに合わせて、レバレッジを調整しましょう。

用語解説	
レバレッジ	元手（証拠金）よりも大きな取引を行い、大きなリターンを得ようとする手法のこと。国内では最大25倍までのレバレッジをかけられる。

証拠金取引はレートの上下にかかわらず利益を出せる

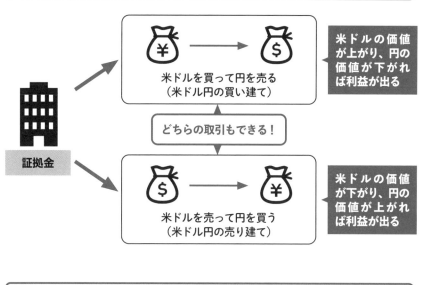

証拠金

米ドルを買って円を売る
（米ドル円の買い建て）

米ドルの価値が上がり、円の価値が下がれば利益が出る

どちらの取引もできる！

米ドルを売って円を買う
（米ドル円の売り建て）

米ドルの価値が下がり、円の価値が上がれば利益が出る

レバレッジのしくみ

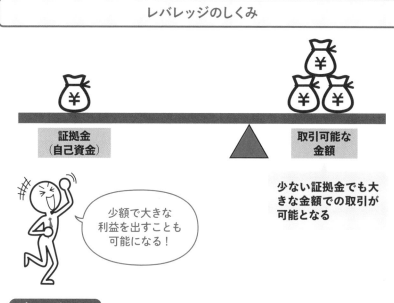

証拠金
（自己資金）

取引可能な
金額

少ない証拠金でも大きな金額での取引が可能となる

少額で大きな
利益を出すことも
可能になる！

プロのアドバイス

レバレッジは諸刃の剣。大きな利益を狙える一方で、大きな損失になることもあります

FXは世界中の市場で24時間取引が可能

FXは世界各国の市場でほぼ24時間取引が可能です。兼業トレーダーにも手が出しやすいため、自分の生活スタイルに合ったトレードスタイルを見つけましょう。

取引が盛んな時間を狙って取引しよう

投資で取引できる時間は、市場が開いているときです。

株式投資であれば、日本株を取引できるのは国内の証券取引所が開いている9時〜15時です（東京証券取引所の場合）。株式投資でデイトレードを行うためには、9時〜15時の間に取引する必要があります。トレード以外の本業がある人にとっては、時間的制約でしょう。

一方、**FXは24時間、売買が可能です**。しかし、世界のどこかに「外国為替市場」という大きな取引所があり、そこで24時間売買が可能、というわけではありません。FXは外国為替に基づく取引であり、**世界中で取引されるため、「世界各国どこかしらの市場が、常に開いている」といった状態が続いているのです**。例えば、東京外国為替市場は日本時間の9時〜17時ぐらいまでを指します。ロンドンは日本時間の16時〜26時（冬時間は17時〜27時）ぐらいで、東京とロンドンだけでも9時〜26時まで取引が可能です。特に、多くの日本人が取引しやすい17時〜24時までの時間は、1日のなかで最も市場が盛んなロンドン市場とニューヨーク市場が重なるため、取引の狙い目ともなります。

ただし、ニューヨーク市場がクローズして、ウェリントン市場に切り替わる早朝4時〜6時は世界中の取引が少なく、時折極端な変動が起こりやすいため、注意が必要です。

用語解説

外国為替市場 — 世界の国や地域の異なる通貨を取引する場のこと。株式投資における証券取引所のような場所はなく、電話やインターネットを介して取引を行う。

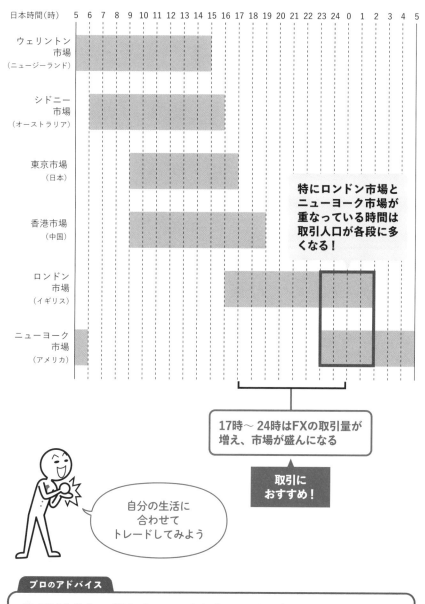

世界の外国為替市場

特にロンドン市場と
ニューヨーク市場が
重なっている時間は
取引人口が各段に多
くなる！

17時〜 24時はFXの取引量が
増え、市場が盛んになる

取引に
おすすめ！

自分の生活に
合わせて
トレードしてみよう

プロのアドバイス

取引が盛んに行われているとトレンドが発生しやすく、相場が大きく動きます

取引を行う通貨を示す
通貨ペアを覚えよう

取引を行う2つの通貨の組み合わせを「通貨ペア」といいます。表記の方法や表記の位置によって何を意味するのか、基本をここで覚えていきましょう。

すべての通貨を取引できるわけではない

　株式投資では好きな銘柄を選定して投資を行いますが、FXでは必ず2つの通貨を選んで取引を行います。この2つの通貨の組み合わせを「通貨ペア」といい、たとえば米ドルと円なら、「米ドル／円（米ドル円）」または「USD ／ JPY」と表します。**FXの取引では、左側の通貨に対して右側の通貨で売買を行います。つまり、「米ドル円を買う」ということは、「日本円を売って米ドルを買う」ということになるのです。**

　FXで取引できる通貨ペアは利用するFX会社により異なります。基本的には世界で流動性が高く、情報量の多い通貨は取引可能です。米ドルを筆頭に、ユーロ、円、ポンド、豪ドル、NZドル、カナダドル、スイスフラン……などは、ほとんどのFX会社で対応しています。

　取引できないFX会社が多いのは、新興国と呼ばれる国の通貨です。ブラジルレアルやインドルピーなどが該当します。新興国通貨は金利が高い傾向にあり、スワップ目的のトレードで人気ですが、不安定でリスクがあるため、取引できないFX会社も多いです。

　「米ドル円」や「ユーロドル」など、主要通貨ペアだけを取引したいと考えている場合は、取引できないFX会社はまずありません。ただし、新興国通貨などを取引したい場合は、対応しているFX会社を選びましょう。

用語解説

通貨ペア　　　　取引を行う2つの通貨の組み合わせのこと。米ドルと円なら、「米ドル／円」や「USD ／ JPY」と表す。

決済通貨を売って別の通貨を買う

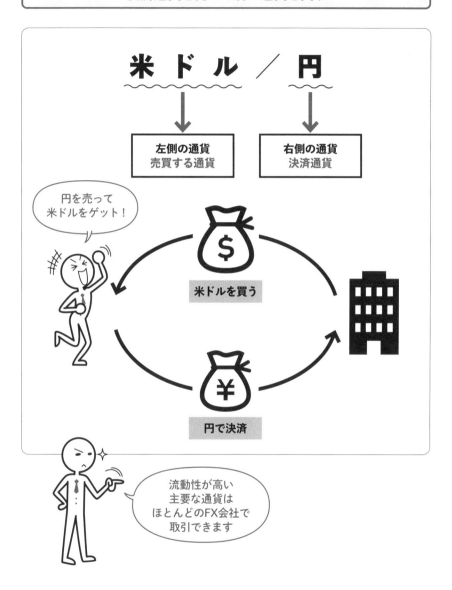

チャートを見れば
過去の値動きがわかる

FXチャートを見れば、その通貨ペアの過去の値動きがひと目でわかるので、売買戦略を立てる上での基本材料となります。

チャートとは過去の値動きをグラフにしたもの

　　チャートとは、もともと「特定の情報を図やグラフなどを使って、視覚的に表示したもの」を指します。FXチャートを見れば、過去から現在にかけての値動きを瞬時に視覚的に把握することができるため、売買の指針として欠かせない情報です。

価格水準・トレンド・過熱感などを相対的に判断

　例えば、現在の米ドル円（USD／JPY）が150円だったとして、この情報だけで米ドル円を買うかどうかを判断するのは難しいです（右ページ上図参照）。右下のチャートは米ドル円の1時間足です。このチャートでは**直近の数日間にわたって、価格が上昇傾向にあることがわかります。**

　あくまでも一例ですが、チャート分析の知識を持っている人なら「高値と安値が切り上がっている」、もしくは「上昇トレンドが継続している」と考えて買いポジションを持つことを検討するかもしれません。

　このように、FXチャートを見ることで、現在の価格に至るまでにどのような動きがあったのかを分析し、そこから「価格の相対的な高低」「トレンドの有無」「相場の過熱感」など、さまざまな要素を判断できます。

☑Check! 　チャートによる価格や値動きの分析を「テクニカル分析」、景気動向など値動きの背後にある事象の分析を「ファンダメンタルズ分析」という。

過去の値動きを見ることで方向感がわかる

現在の米ドル円だけ見る場合

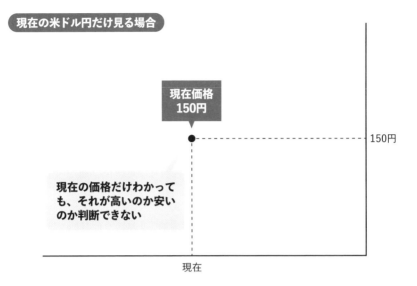

現在価格
150円

150円

現在の価格だけわかっても、それが高いのか安いのか判断できない

現在

最近の米ドル円推移で見た場合

【USD ／ JPY　1時間足】

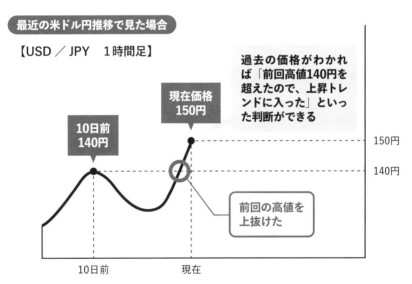

過去の価格がわかれば「前回高値140円を超えたので、上昇トレンドに入った」といった判断ができる

現在価格
150円

10日前
140円

150円

140円

前回の高値を上抜けた

10日前　　　　現在

プロのアドバイス

チャートでこれまでに価格がどのように動いたのかを知ることで、今後の値動きを予想することが可能になります

目的を明確にして チャートを見る

どの通貨ペアを、いつ売買するのかを判断するためにチャートを利用します。目的や取引手法をあらかじめ決めておきましょう。

チャートにもとづいてどんな売買をするかが大切

チャートを利用する最も大きな目的は、相場の方向性と適切な売買タイミングを探して利益を得ることにあります。**一般的に、FXではトレンドフォローと呼ばれる大きな値動きや方向感にしたがって売買することが、利益を出すうえで最も重要であると考えられています。**

トレンドフォローで買っていく場合、現在上昇トレンドが出ている（もしくは今後上昇トレンドが出そうな）通貨ペアや時間足を探したうえで、チャートを見ながら予測した値動きが発生しそうなタイミングを狙って取引するのが大切です。

取引の手法やスタイルによって注目すべき点は違う

ほかにも、逆張りや特定の時間帯を狙ったトレードなど、取引の手法や時間軸にはさまざまなものがあります。どのような手法を用いる場合でも、**やみくもに売買するのではなく、チャート分析にもとづいた根拠のあるエントリーと決済を行うことが、FXで利益を出すうえで最も大切です。**

こうした形で「どんなチャートに、いつ投資をするのか」を判断するのが、チャートを使う大きな目的です。しかし、FXチャートはあくまで相場分析を行うための手段です。まず、自分の取引手法を明確にしたうえで、そこから逆算して何を使うのかを考えましょう。

☑Check! さまざまなトレード手法があるが、それぞれ使いたい戦略に適した通貨ペアや時間足を選ぶ際にチャート分析は役に立つ。

チャートから売買タイミングを判断する

【USD ／ JPY】

価格の下落が落ち着いてきているから、
そろそろ上昇しそう……買えるかも？

2時間足

下落が続いていた

トレンドを確認して、
分析にもとづいた
エントリーをしよう

プロのアドバイス

チャートを分析することで、いつ買うべきか、いつ売るべきかの戦略を立てることができます

利益確定と損切りの
ポイントがわかる

エントリーが同じでも、利益確定や損切りの位置で損益は大きく変わります。
チャートは決済の目安も教えてくれます。

適切な損切りと利益確定はトレードの基本

　同じ場所でエントリーしても、決済の位置、つまり利益確定や損切りの
設定によってトレードの結果は大きく変わります。**FXでは、小さく損切
りして大きく利益確定する「損小利大」が理想的といわれています。**

　事前に準備したルールにもとづいて、決済の位置を決めてからポジショ
ンを持つことで、その場の雰囲気や感情に左右されて誤った判断をするリ
スクを回避できます。とりわけ適切な損切りの設定は、トレード1回あた
りの損失額をコントロールする上で重要です。

チャートから適切な決済の位置を探す

　利益確定や損切りの位置はチャート分析にもとづいて決定します。例え
ば右のチャートで前回の高値付近3カ所でエントリーしたとき、利益確定
と損切りはそれぞれどのように設定すればよいでしょうか。

　**一般的に、買いエントリーでは損切りは直近の安値の少し下に置くこと
が多いです。**チャート上の価格が安値を更新した場合、下降トレンドに転
じたと考えられるためです。同様に、売りエントリーでは直近の高値の少
し上に損切りを置きます。

☑Check!　**利益確定と損切りに自分のルールを持つことが重要。損切りしてもトー
タルでは利益が出るようにルールを徹底することが大切。**

利益確定と損切りポイントの設定

【USD ／ JPY】

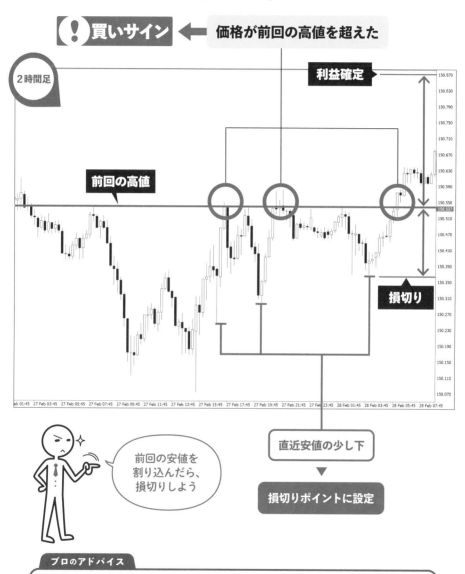

！買いサイン ← 価格が前回の高値を超えた

2時間足

利益確定

前回の高値

損切り

直近安値の少し下
▼
損切りポイントに設定

前回の安値を
割り込んだら、
損切りしよう

プロのアドバイス

利益確定と損切りのルールを決めておくと、損失のリスクをコントロールできます

トレンド相場とレンジ相場を見分ける

FXには大きく分けて、トレンド相場とレンジ相場があります。それぞれの相場に適した売買戦略を使い分けましょう。

相場はトレンドとレンジの2種類のみ

　トレードする前に、チャートから現在の相場がトレンドとレンジのどちらなのかを把握しておくことで、現在の相場状況に合わせた有益なトレードを狙えます。

　トレンド相場とは、継続的に価格が上昇もしくは下落する状態を指します（右上図）。上昇トレンド、下降トレンドと呼ぶこともあります。大きな値幅を狙えるチャンスですが、割高な水準で買ってしまったり、下落しきったところを売ってしまうリスクもあります。

　トレンド相場では、上昇もしくは下落の大きな流れに沿って順張り方向に取引することが大切です。小さな損切りで大きな利益を狙う損小利大のトレードを狙います。上昇トレンドでは直近の高値を抜けたら買い、下降トレンドでは直近の安値を抜けたら売る戦略も有効です。

　一方でレンジ相場とは、価格が一定の範囲内で行ったり来たりするチャートを指します（右下図）。継続的な方向感がなく、トレンド相場と比較して値幅も小さくなる傾向があります。

　レンジ相場では、大きな値動きは期待できないため、直近の値幅の上限や下限まで引き付けて逆張り方向に取引するのが有効です。大きな利益は狙わず、こまめに利益確定を狙いましょう。大きなトレンドが発生したときは、早めに損切りして目線を切り替えるのも大切です。

用語解説	
逆張り	上昇相場で反落を狙って売りを入れ、下落相場で反発を狙って買いを入れる手法。大きな利幅を狙えるが、トレンドが継続した場合のリスクも伴う。

トレンド相場とレンジ相場のチャート

【USD／JPY】

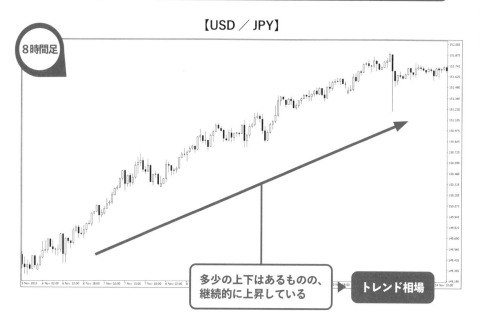

8時間足

多少の上下はあるものの、
継続的に上昇している ▶ トレンド相場

【USD／JPY】

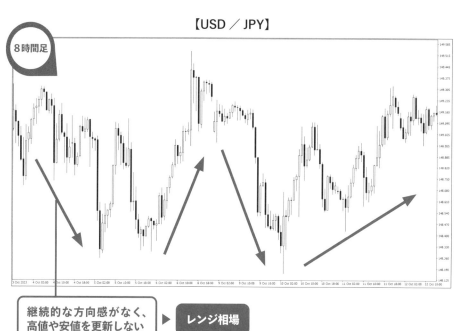

8時間足

継続的な方向感がなく、
高値や安値を更新しない ▶ レンジ相場

相場が主でトレーダーは従者

主の動きを分析して利益を狙う

　トレーダーの仕事は、特別な能力や手法で相場を動かすことではありません し、そんなことは誰にもできません。だから、利益を得るには相場の 多数派にいる必要があります。

　ということは、相場が主（あるじ）で、私たちトレーダーは従者です。

　私たちは主である相場の動きがどちらに向かうのかをテクニカル指標を 使って分析して、それに従うしかありません。相場の動きに便乗するわけ です。ですから、相場が動かなければ私たち従者は何もできません。

　テクニカル指標がトレンドを示せば、相場は動いています。テクニカル 指標がレンジを示せば、しばらくは狭い範囲で膠着相場になります。する と、私たちはただひたすら、主である相場が動くのを従者として待ち続け ることになります。

　この主従関係がわからない、もしくはテクニカル指標を使えないと、動 かない相場で無理やり取引をして失敗しやすくなります。相場が動いてい ないのに勝手に先行きを予想するのも同じことで、従者が主の先行きを決 めることはできません。どんなに経済学的に正しくても、どんなに合理的 に思えても、そのように相場が動いていなければ、利益にならないのです。

　真夏に雪の対策としてチェーンを履いても意味がないのと同様に、現状 を事実にもとづいて分析することができないと、不適切な取引となりかね ないのです。

価格の見方

チャートの
構成要素

チャートは「時間（横軸）」、「価格（縦軸）」、「チャートの形状」、「テクニカル指標」の4要素で構成されています。それぞれどのような機能を担っているのか見ていきましょう。

Keywords

● 縦軸・横軸

● 構成要素

● ローソク足

● 時間軸

● テクニカル

● 移動平均線

FXチャートの基本は
縦軸と横軸

チャートの横軸は時間、縦軸は価格を表します。同じ通貨ペアでも、表示する範囲や時間足によって見え方は大きく変わります。

チャートは時間と価格にもとづいて形成される

　FXのチャートが過去の値動きを表すというのは、第1章で説明したとおりですが、より具体的には横軸が時間、縦軸が値段を意味します。つまり、チャートとは「**過去の一定期間における値動きを視覚的に表示したもの**」となります。

　同じチャートであっても、表示する時間的範囲によって受ける印象は大きく異なることがあり、意識されるトレンドの方向や高値安値も変わってくるため注意しましょう。

　また、同じ通貨ペアのチャートであっても、ローソク足1本が表示する期間ごとに名前が付いており、これを「時間足」と呼びます。例えば、1日ごとのローソク足を表示するチャートは「日足」、1時間ごとなら「1時間足」、5分ごとなら「5分足」となります。

　ある通貨ペアのどのくらいの期間の値動きを見たいのかによって、時間足を切り替えて表示することで、より正確な情報が得られます。**同じ通貨ペアであっても、時間足によって値動きの見え方が異なるため、エントリーや決済のタイミングも変化します。**

　長期トレードでは日足や週足、短期トレードでは5分足や1時間足というふうに、トレードする期間によって時間足を使い分けましょう。同じ通貨ペアの複数の時間足を確認しながらトレードする分析方法もあります。

用語解説
マルチタイムフレーム(MTF)分析　複数の時間足を用いて値動きを分析すること。例えば、日足や1時間足で大きなトレンドを確認しながら、実際のエントリーや決済は5分足で行う。

時間軸でチャートを切り替える

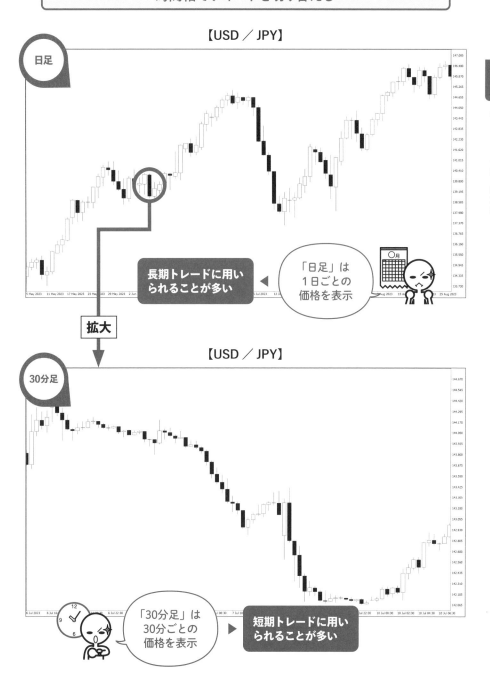

【USD／JPY】

日足

長期トレードに用いられることが多い

「日足」は1日ごとの価格を表示

拡大

【USD／JPY】

30分足

「30分足」は30分ごとの価格を表示

短期トレードに用いられることが多い

チャートを構成する 4つの基本要素

チャートは「時間」と「価格」だけでなく、「チャートの形状」と「テクニカル指標」の2つを合わせた4つの要素で構成されています。

価格の表示方法にはさまざまなスタイルがある

チャートが「時間」と「価格」から構成されることはすでに説明したとおりですが、ここではさらに「チャートの形状」を詳しく説明します。

チャートには複数の表示方法があり、単純に価格を線で結んだ「ラインチャート」のほか、日本では一般的に使われる「ローソク足」、欧米で人気のある「バーチャート」など、さまざまなスタイルが存在します。ローソク足やバーチャートのほうが、ラインチャートと比べて情報量が多いため取引に使われることが多いです。

テクニカル指標を使って値動きを分析する

「テクニカル指標」とは、価格に一定の計算をして、用途に応じて視覚的に表示したものです。インジケーターとも呼ばれます。移動平均線のようにチャート上に重ねて表示されるタイプと、MACDやRSIのようにサブチャート上に表示されるタイプに分かれます。

テクニカル指標は、相場の方向感や勢いを測る「トレンド系」と、買われすぎや売られすぎといった相場の過熱感を測る「オシレーター系」の2種類に大別されます。これらを利用することで、過去の値動きをわかりやすく整理して、今後の値動きの予測を立てたり、エントリーや決済の目安として役立てることが可能です。

用語解説

バーチャート	高値と安値を示した棒足の左側に始値、右側に終値を表す横線を表示したもの。高値、安値、終値の3つのみを表示する場合もある。

チャートの基本要素

【USD ／ JPY】

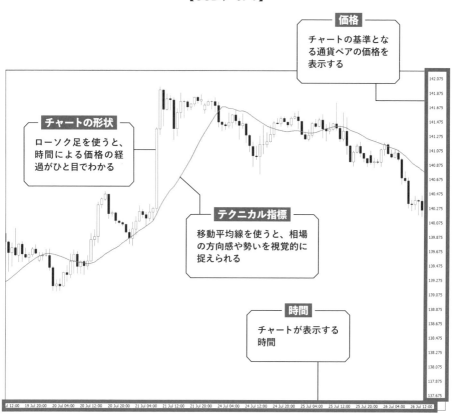

価格
チャートの基準となる通貨ペアの価格を表示する

チャートの形状
ローソク足を使うと、時間による価格の経過がひと目でわかる

テクニカル指標
移動平均線を使うと、相場の方向感や勢いを視覚的に捉えられる

時間
チャートが表示する時間

日本でよく
使われるのはこの
「ローソク足」だね

プロのアドバイス

自分が知りたい情報に合わせて「時間」「価格」「チャートの形状」「テクニカル指標」を設定しましょう

4つの価格で
相場を掴むローソク足

ローソク足は最も一般的に使われるチャートの形状です。始値、終値、高値、安値をひと目で把握することができます。

ローソク足は最も一般的に使われるチャートの形状

　本書では、FXにおいて最もポピュラーなローソク足を使ってチャートを解説していきます。

　ローソク足は、その期間における値動きをひと目で把握できるため大変便利です。例えば日足の場合、**その日の最初に付いた価格が「始値」、その日の最後に付いた価格が「終値」、その日のうち最も高い価格が「高値」、その日のうち最も安い価格が「安値」となります。**この4つの価格を視覚的に表示してくれるのがローソク足です。

　始値より終値の方が高ければ「陽線」、始値より終値のほうが低ければ「陰線」となります。ローソク足を利用することで、価格の上下はもちろん、値幅の大きさや方向感の有無を確認できます。

ローソク足の形状から値動きを読み取る

　始値、終値、高値、安値の4つの価格を見れば、どのような値動きが起こったのかを瞬時に把握することができます。例えば、**始値と終値の差（＝実体）が長く、それ以外の部分（＝ヒゲ）が短いローソク足では、トレンドを伴う一方向への力強い値動きが起こったと考えられます。**反対に、実体が短くヒゲが長かったり、高値と安値の差がほとんどないローソク足は、方向感の欠如や市場参加者の迷いを示していると考えられます。

用語解説

市場　　FXが取引される場所のこと。株式市場と異なり、FXは平日であれば基本的に24時間取引することが可能。時間帯ごとに値動きに特徴がある。

ローソク足の見方

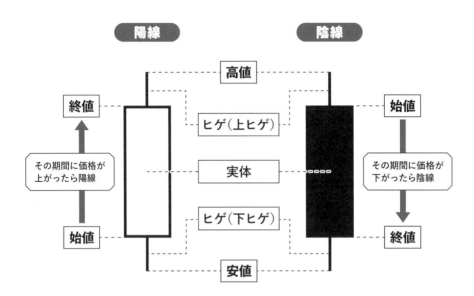

陽線

終値

その期間に価格が
上がったら陽線

始値

高値

ヒゲ（上ヒゲ）

実体

ヒゲ（下ヒゲ）

安値

陰線

始値

その期間に価格が
下がったら陰線

終値

【USD ／ JPY】

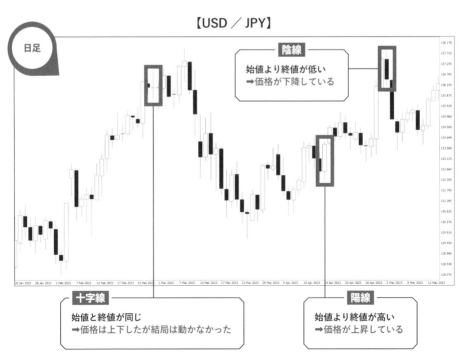

日足

陰線
始値より終値が低い
➡価格が下降している

十字線
始値と終値が同じ
➡価格は上下したが結局は動かなかった

陽線
始値より終値が高い
➡価格が上昇している

チャートの時間軸を変えて異なる視点で値動きを見る

ローソク足の時間軸を変えることで、1本のローソク足が示す期間を変更できます。デイトレードでは、長期的・短期的な視点の使い分けが重要です。

「どの時間軸で見るか」に注目する

38ページでは、1本のローソク足が1日分の値動きを表すケースを例に挙げて解説しました。こうしたローソク足を「日足」と呼びます。

実は、ローソク足には日足のほかに、1本で1週間ごとの値動きを表す「週足」、1時間ごとの「1時間足」、5分ごとの「5分足」などの種類があります。**それぞれ表示する期間に対して名前が付いており、これを時間軸と呼びます。**1日ごとの値動きを確認したいのであれば日足チャート、5分ごとであれば5分足チャートというように、見たい時間軸に合わせてその都度切り替える必要があります。

長期的・短期的な視点を使い分ける

FXは長期の株式投資などと比較すると短期間で売買するため、常に小さな時間軸でローソク足を表示する印象が強いかもしれません。しかし、**1日中、時間軸の短いローソク足だけで見てしまうと、細かな値動きにばかり反応してしまい、売買のポイントを見逃す可能性があります。**

まずは、為替の方向性を知るために日足や4時間足といった時間軸でローソク足を表示したり、チャートを縮小して長期的な値動きを見ましょう。その後、具体的な売買のエントリーを探すときに小さな時間軸でローソク足を表示すると、トレードしやすくなります。

実践! 通貨ペアごとに値動きの特徴があるため、過去のチャートを遡り、どの時間軸でどんなサインがあるかを確認するとコツを掴みやすくなる。

パターン1 時間軸を変えて値動きの方向性をはかる

【USD ／ JPY】

日足

上昇トレンド

1時間足で表示すると

【USD ／ JPY】

1時間足

上昇トレンド

この期間は長期的にも上昇トレンドだ！

テクニカル指標で
ローソク足の分析を補助

テクニカル指標を使うことで、価格の変動をわかりやすく視覚化できます。ローソク足と併用することで、より高度な分析が可能です。

相場の方向感や売買のタイミングを掴む

ローソク足だけでも値動きに関する多くの情報を得られますが、**テクニカル指標を使うと、ローソク足分析だけではわからない追加の情報を得たり、値動きをわかりやすく視覚化してエントリーや決済の目安に使えます。**

移動平均線のようなトレンド系の指標なら、相場の方向感や勢いを探れますし、RSIのようなオシレーター系の指標なら、現在の価格水準が買われすぎ、もしくは売られすぎかどうか、つまり相場の過熱感を簡単に知ることができます。

それぞれのテクニカル指標の特徴を理解して使う

テクニカル指標は有名なものからマイナーなものまで、多くの種類がありますが、**すべてのテクニカル指標には長所と短所があり、通貨ペア、時間足、取引スタイルに合わせて使い分けることが大切です。**

トレンド系のテクニカル指標は、一方的な強い値動きでは順張りで威力を発揮しますが、値動きの小さなレンジ相場ではダマシが多くなります。同様に、オシレーター系のテクニカル指標はレンジ相場での逆張りは得意ですが、強いトレンドが発生した際にはダマシが発生することも多く、大きな損失を抱えるリスクがあります。

用語解説

RSI ──────── Relative Strength Index（相対力指数）の略。一定期間における上昇の値動きが占める割合から、相場の過熱感を数値化したもの。

パターン2　テクニカル指標から値動きを予測する

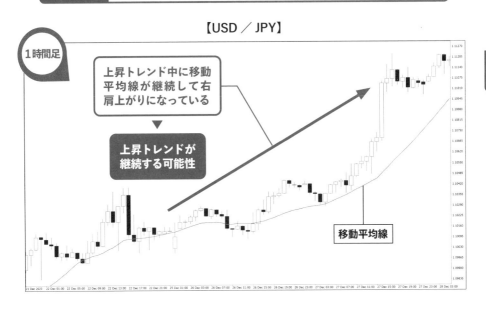

【USD ／ JPY】

1時間足

上昇トレンド中に移動
平均線が継続して右
肩上がりになっている

▼

上昇トレンドが
継続する可能性

移動平均線

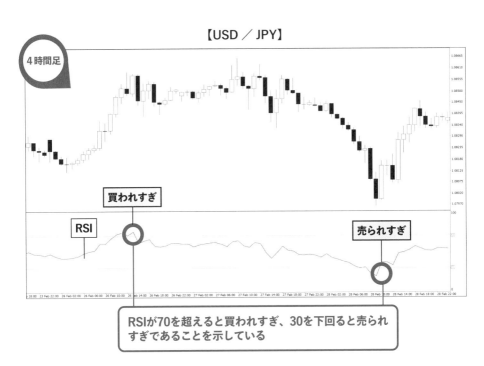

【USD ／ JPY】

4時間足

買われすぎ

RSI

売られすぎ

RSIが70を超えると買われすぎ、30を下回ると売られ
すぎであることを示している

第2章　チャートの構成要素

最も多く使われる指標は移動平均線

移動平均線は最もメジャーなテクニカル指標のひとつで、トレンドの方向感や強さを確認できます。

大まかな価格の動向からトレンドを分析

移動平均線は、過去の一定の期間における価格の平均を計算し、それらを連ねて線グラフで表したもので、チャート分析では最も一般的なテクニカル指標です。

移動平均線の傾きやローソク足との位置関係から、トレンドの方向感や強さを把握できます。例えば移動平均線が右肩上がりなら上昇トレンド、右肩下がりなら下降トレンドといった具合です。

移動平均線は短期、中期、長期など、それぞれ異なる期間のものを複数表示することもあります。短期の移動平均線は値動きを素早くとらえるのに適し、長期の移動平均線はより大きなトレンドを示します。

移動平均線がいつも正しいとは限らない

移動平均線は、相場の大きな方向感を示してくれるため、長期間にわたるトレンドをとらえるのには有用です。

一方で、値幅が小さく方向感のない相場では、あまり参考にならないことも多いです。

移動平均線が右肩上がりだからといって、必ずこれから上昇するというわけではないので、あくまでも今後を予想する上での参考材料のひとつとして考えておきましょう。

用語解説

200日移動平均線 ── 長期の値動きを分析するために、一般的によく使われる期間200の移動平均線。日足に表示すると、直近の約1年間の値動きを分析できる。

パターン3 移動平均線と価格の変化

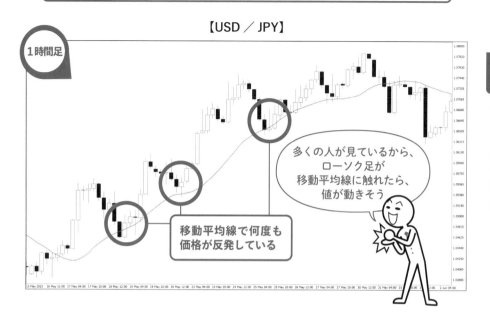

【USD／JPY】

1時間足

移動平均線で何度も
価格が反発している

多くの人が見ているから、
ローソク足が
移動平均線に触れたら、
値が動きそう

【USD／JPY】

1時間足

移動平均線は右肩上がりでも
価格は下降

▶ 方向感のない相場では
「ダマシ」となる場合も

第**2**章　チャートの構成要素

相場は多数派に動く

　相場で起こるニュースや情報を自分がどのように分析したり解釈したりしても、自由です。これをファンダメンタルズ分析といいます。

　ただし、その考えが多数派の動きと一致していなければ利益は得られず損をします。大事なのは、自分がどう考えるかではなく、相場の多数派にいないと利益は得られないということです。

　相場が動くと、値段差が生まれます。この動きは多数派の方向に動きます。私たちはここで利益を狙います。ということは、相場に参加する買い手と売り手のどちらかが優勢なのか、多数派はどちらなのかを知ることが何より重要です。買い手が優勢なら値段は上がり、売り手が優勢なら値段は下がるからです。

　テクニカル分析は自分の思惑や考えとは関係なく、値動きの事実の結果に計算を加えて視覚化します。そこに個人的な予断を持つ必要はありません。また、すべてのテクニカル分析は、チャートに示される値動きを元にしています。チャートが示すのは、事実の取引の結果、つまり買い手が優勢なのか、売り手が優勢なのか、またはそのどちらでもないのかで、これを判断します。

第3章

ローソク足を使った
分析

始値、終値、高値、安値をひとつにまとめたものが「ローソク足」です。実体、そしてヒゲの長さから、市場に関するさまざまな情報を読み取ることができます。

Keywords

●ローソク足基本

●ローソク足分類

●ローソク足パターン

●ローソク足組み合わせ

ローソク足のパターンで値動きを見極める

ローソク足は単体もしくは組み合わせによって、さまざまなパターンを示すことがあり、分析や取引の参考として活用できます。

ローソク足は日本人が考えたチャート形式

　第2章でも触れたローソク足について、より詳しく解説していきます。**ローソク足とは、始値、終値、高値、安値の4つの価格をローソクのような形状のひとつの「足」としてまとめたものです。**もともとは江戸時代の米相場において、価格の分析を行うために発明されたといわれています。

特定の形や組み合わせを探して売買に活用する

　ローソク足は、価格の変化に応じて形が変わるため、長年の相場の歴史のなかでさまざまな分析方法が発達してきました。

　ローソク足は単独でもさまざまな情報を与えてくれます。例えば、大陽線や大陰線（50ページ参照）が現れた場合、取引が始まってから一方的に買われて（もしくは売られて）いるということがわかります。

　隣り合った複数のローソク足を組み合わせたパターンを利用する場合もあります。例えば、2本のローソク足のうちの、どちらか一方がもう片方を包み込むような形になっているときには、相場が反転する可能性がある、などといったものです。

　いずれの分析も、過去の値動きやテクニカル指標と組み合わせ使うことで、より信頼度の高いシグナルとなります。

☑Check!　**ローソク足を構成する始値、終値、高値、安値の4つの価格のことを「四本値」と呼ぶ。**

パターン4 ローソク足の形状で値動きを見極める

【USD ／ JPY】

買いサイン ← 下降局面で長い下ヒゲ
➡たくり足

1時間足

強い上昇を示す足
➡大陽線

↓

買いサイン

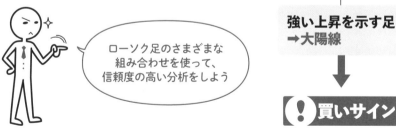

ローソク足のさまざまな
組み合わせを使って、
信頼度の高い分析をしよう

プロのアドバイス

ローソク足が示す4つの価格から、市場参加者の心理をとらえて価格を予想しましょう

ローソク足の基本の分類
陽線・陰線

ローソク足を分析するとき、まず大切なのが陽線と陰線です。種類だけでなく、その実体の大きさにも注目することで、相場の勢いを読み取れます。

まずはローソク足の種類に注目

　１本のローソク足だけでも、さまざまな観点から分析することができますが、まず最初に大切なのは「陽線か陰線か」ということです。**陽線であれば上昇、陰線であれば下落を表すため、１本のローソク足が示す一定期間内に買いと売りのどちらが優勢であったかを客観的に教えてくれます。**

　FXでは勢いのある方に追従するトレンドフォローが基本的な考え方なので、同じ傾向が今後も続くかもしれないと考えることができます。とりわけ、直近でトレンドが発生しているときや、日足や週足のような長期足での上昇や下落は、相場全体の方向感を示す重要なサインとなるため見逃さないようにしましょう。

実体の大きさは上昇や下落の勢いを示す

　始値と終値の間の値幅のことを、ローソク足の「実体」といいます。同じ陽線や陰線であっても、実体の大きさはローソク足によって大きな違いがあります。

　はっきりとした基準はありませんが、**実体部分が大きい陽線を「大陽線」、実体部分が大きい陰線を「大陰線」**といいます。これらが出現したときは、相場が一方向に大きく動いたことを示しています。

☑Check!　**日本ではローソク足の陽線を白色、陰線を黒色で表示することが多いが、欧米では陽線が青色で陰線が赤色となっていることが多い。**

パターン5 ローソク足の実体に注目する

①色

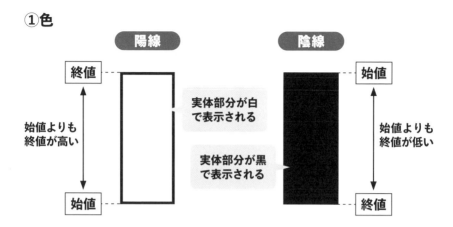

陽線

陰線

終値

始値よりも
終値が高い

始値

実体部分が白
で表示される

実体部分が黒
で表示される

始値

始値よりも
終値が低い

終値

②長さ

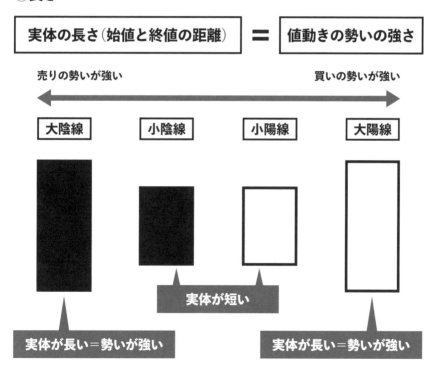

| 実体の長さ（始値と終値の距離） | ＝ | 値動きの勢いの強さ |

売りの勢いが強い　　　　　　　　　　　　　買いの勢いが強い

大陰線　　**小陰線**　　**小陽線**　　**大陽線**

実体が短い

実体が長い＝勢いが強い　　　　　　実体が長い＝勢いが強い

実体とヒゲの大きさから方向感を読み取る

陽線、陰線、同時線を実体やヒゲの大きさと位置にもとづき、さらに細かく分類することで、より詳細に相場の勢いや雰囲気を読み取ることができます。

実体の大きさは価格の勢いの強さを表す

ローソク足は、実体（50ページ参照）が大きいほど相場の方向性が強いことを示し、実体が小さいほど方向性が乏しくトレンドが不明確であることを意味します。**トレンドが継続するときは、実体が大きな陽線や陰線が連続して、価格が大きく動くのが普通です**。一方でレンジ相場では、実体が小さいローソク足が連続して価格があまり動かない状態がよく見られます。

ヒゲの長さは方向感の欠如や価格の反転を意味する

実体と同時にヒゲの長さも重要です。**ローソク足のヒゲは、価格が一度高値や安値を付けたものの、その後反転して戻った値幅を表します**。方向性の変化やその大きさを意味するため、ヒゲが長ければ長いほど市場参加者の気の迷いを表していると考えられます。とりわけ、高値圏や安値圏でトレンド方向に大きなヒゲが出現したときは、相場の一時的なピークを付けた可能性もあるため、順張り方向への取引には細心の注意を払いましょう。

また、始値と終値が同じ「同時線」は実体がなく、この場合、ヒゲの長さが市場を判断するための重要な材料になります。

用語解説

ピンバー ピンは画鋲のことで、短い実体と長いひげを持つローソク足を指す。トレンドの転換を示唆する。詳しくは64ページで解説。

パターン**6**　同時線の４つのパターン

同時線
始値と終値が同じ
価格のローソク足

→

**ヒゲの有無に
よって4つの
パターンがある**

一本線

ヒゲがまっ
たくない

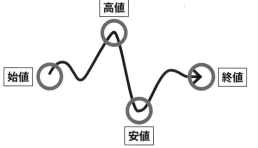

始値 ──────→ 終値

十字線

上下にヒゲ
がある

高値
始値　　終値
安値

トンボ

下ヒゲだけ
がある

始値　安値　終値

トウバ

上ヒゲだけ
がある

高値
始値　　終値

プロのアドバイス

**同時線は値動きの方向感が読みづらいため、ヒゲが出現し
た場所も併せて分析しましょう**

1本のローソク足の
パターン

陽線、陰線、同時線はさらにいくつかのパターンに分けられます。実体やヒゲの位置、長さによって名前が付けられ、売買の様子を読み取ることができます。

強い勢いを示す派生パターン

「陽線」「陰線」「同時線」は、ヒゲの有無によって、より細かいパターンに分類することができます。

陽線、陰線の派生パターンには、「坊主」「寄り切り線」「大引け坊主」があります。「坊主」は文字通り、陽線・陰線それぞれで上下のヒゲがないパターンです。一方的に高値や安値を更新してローソク足が確定したことがわかります。つまり、**陽線・陰線の派生パターンのなかで、最も上昇や下降の勢いが強いのが陽線坊主と陰線坊主なのです。**

例えば、陽線坊主が安値圏で発生した場合、売りをすべて消化して上昇しているため、上方向への反転が予想されます。

ヒゲは反対方向への動きを示す

大陽線の場合は上ヒゲ、大陰線の場合は下ヒゲのみがあるパターンを「寄り切り線」といい、それぞれ「陽の寄り切り線」「陰の寄り切り線」とも呼ばれています。**基本的には坊主と同様に、出た方向への勢いが強いことを示していますが、それぞれ上ヒゲ、下ヒゲが付いていることから、少し反対方向の動きも出ていることを示します。**

陽線の場合、買いの勢いが強い点は坊主と同じですが、上昇時に付いた高値よりも低い位置で終値が確定するため、上ヒゲが付いています。

用語解説	
坊主	坊主とはヒゲがない状態のこと。陽線の場合は始値と安値、終値と高値が同じ、陰線の場合は始値と高値、終値と安値が同じ状態を示す。

パターン7　強い値動きを示す大陽線・大陰線

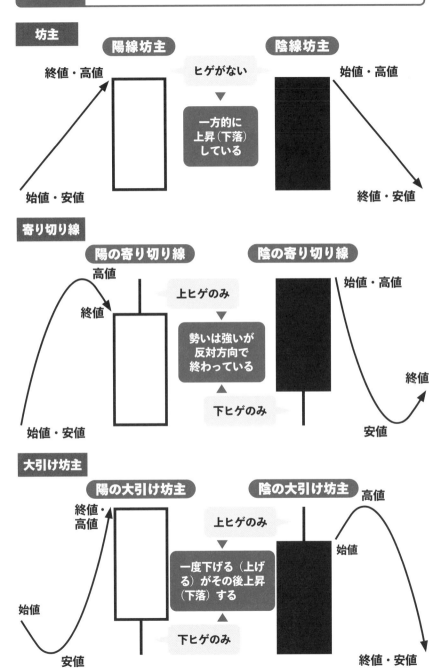

坊主

陽線坊主

終値・高値

始値・安値

ヒゲがない

一方的に
上昇（下落）
している

陰線坊主

始値・高値

終値・安値

寄り切り線

陽の寄り切り線

高値

終値

始値・安値

上ヒゲのみ

勢いは強いが
反対方向で
終わっている

下ヒゲのみ

陰の寄り切り線

始値・高値

終値

安値

大引け坊主

陽の大引け坊主

終値・
高値

始値

安値

上ヒゲのみ

一度下げる（上げ
る）がその後上昇
（下落）する

下ヒゲのみ

陰の大引け坊主

高値

始値

終値・安値

【実体が長いローソク足】

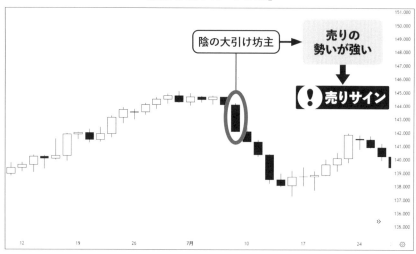

勢いをもって確定する「大引け坊主」

「大引け坊主」とは、大陽線、大陰線の派生のうち、寄り切り線と反対の
パターンです。大陽線の場合は下ヒゲ、大陰線の場合は上ヒゲが付きます。
陽線で日足の場合は、取引開始後に一度始値よりも下げますが、そこから
上昇していき、高値を更新し続けたまま足が確定します。

長い下ヒゲをもつ「カラカサ」「トンボ」

「カラカサ」「トンボ」は、陽線、陰線のなかでも実体が短く、かつヒゲ
に特徴のあるパターンです。共通しているのは、寄り付き後に一度下げた
後に反発し、始値付近まで戻しているという点です。**高値圏で出るカラカ
サは「首吊り線」とも呼ばれ、高値圏・安値圏でこれらのパターンが出る
と、反転を示唆します。**

☑Check!　長い下ヒゲが付くパターンは、終値の位置が始値に対してどこにあるか
で「陽のカラカサ」「陰のカラカサ」「トンボ」に分けられる。

パターン**9** 下ヒゲが長いローソク足

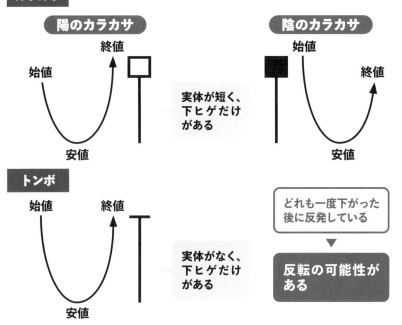

カラカサ

陽のカラカサ

終値
始値
安値

陰のカラカサ

始値
終値
安値

実体が短く、
下ヒゲだけ
がある

トンボ

始値　終値
安値

実体がなく、
下ヒゲだけ
がある

どれも一度下がった
後に反発している
▼

反転の可能性が
ある

【USD ／ JPY】

買いサイン

安値圏でカラカサが
出ている

上昇トレンド

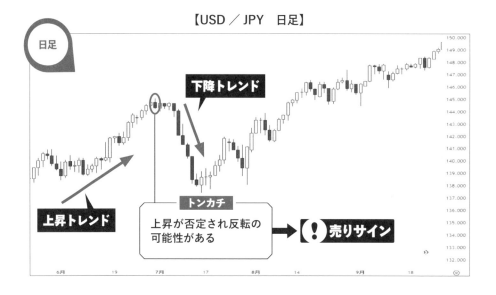

【USD ／ JPY　日足】

日足

下降トレンド

上昇トレンド

トンカチ

上昇が否定され反転の
可能性がある

！売りサイン

上ヒゲだけをもつ「トンカチ」「トウバ」

　カラカサやトンボの反対で、「トンカチ」は小陽線や小陰線に、「トウバ」は同時線に上ヒゲだけが付くパターンです。

　トンカチもトウバも、寄り付き後一度買われてから、売りが入り上昇が否定されていて、**特に高値圏でこれらのパターンが出ると、下げへの反転を示唆します。**

上下にヒゲをもつ「コマ」「十字線」

　小陽線、小陰線に上下のヒゲがあるパターンが「コマ」、同時線に上下のヒゲがあるパターンが「十字線」です。基本的には、説明したように方向感のない状態を示唆しますが、コマの場合、実体部分が小陽線なのか、小陰線なのかで買いと売りどちらが優勢なのかが確認できます。

☑Check!　**十字線は方向感がない状態だが、前後のローソク足と組み合わせると売買サインとしても使われる。**

パターン**11** 上ヒゲ・上下のヒゲが長いローソク足

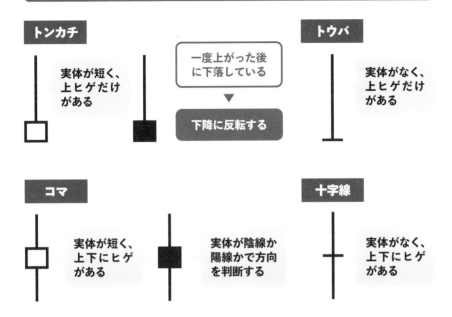

トンカチ

実体が短く、
上ヒゲだけ
がある

一度上がった後
に下落している
▼
下降に反転する

トウバ

実体がなく、
上ヒゲだけ
がある

コマ

実体が短く、
上下にヒゲ
がある

実体が陰線か
陽線かで方向
を判断する

十字線

実体がなく、
上下にヒゲ
がある

パターン**12** ローソク足のパターンと売買の方向

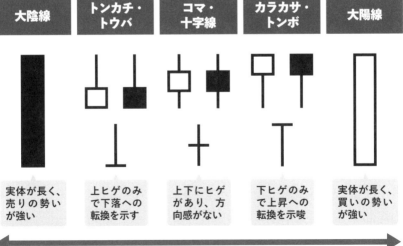

大陰線	トンカチ・トウバ	コマ・十字線	カラカサ・トンボ	大陽線
実体が長く、売りの勢いが強い	上ヒゲのみで下落への転換を示す	上下にヒゲがあり、方向感がない	下ヒゲのみで上昇への転換を示唆	実体が長く、買いの勢いが強い

売り ← → 買い

59

2本のローソク足の
パターン

1本の形状だけでなく、ローソク足どうしの位置や形状によっても値動きを予想することができます。陽線と陰線の組み合わせでサインが変化します。

2本目のローソク足が1本目を包む「抱き線」

「抱き線」は、「包み足」とも呼ばれ、2本のローソク足のうち、1本目の高値と安値が2本目の実体のなかに収まるパターンのことです。

1本目の高値と安値が2本目の実体のなかに収まる、というのが抱き線の成立条件なので、①2本のローソク足がそれぞれ陽線、②それぞれ陰線のパターンと、③1本目が陽線で2本目が陰線、④1本目が陰線で2本目が陽線という、合計4つのパターンがあります。

このうち、**上昇局面で③、下降局面で④が出た場合は「最後の抱き線」** **と呼ばれ、強い反転を示すパターンだと考えられています。**

2本目のローソク足が1本目に収まる「はらみ足」

「はらみ足」は抱き線と反対で、2本目のローソク足の高値と安値が1本目の実体に収まるパターンです。こちらも、合計4つの組み合わせがあります。

特に相場の高値圏では、1本目が大陽線で2本目が陰線のコマのパターンが出ると、直前の上昇の勢いが継続しなかったことを示唆するため、天井と考えられます。一方、安値圏で1本目が大陰線、続く足で陽線のコマが形成されると、こちらも前回の大幅な下降の勢いが継続していないことを指し、**相場の大底を示唆するパターンとして考えられています。**

用語解説	
大底	一定期間の底のうち、最も安い底のこと。株価が上下をしながら下落するなかで、それ以上は下落しない相場の転換点が大底となる。

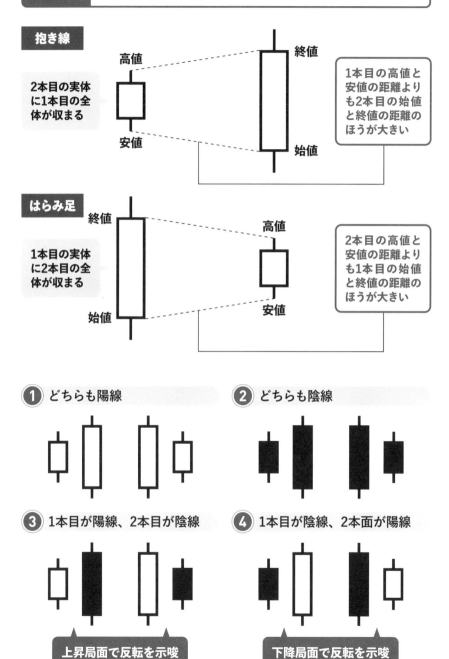

パターン13 抱き線・はらみ足

抱き線

2本目の実体に1本目の全体が収まる

高値
安値
終値
始値

1本目の高値と安値の距離よりも2本目の始値と終値の距離のほうが大きい

はらみ足

1本目の実体に2本目の全体が収まる

終値
始値
高値
安値

2本目の高値と安値の距離よりも1本目の始値と終値の距離のほうが大きい

① どちらも陽線

② どちらも陰線

③ 1本目が陽線、2本目が陰線

上昇局面で反転を示唆

④ 1本目が陰線、2本面が陽線

下降局面で反転を示唆

第**3**章 ローソク足を使った分析

大陽線の中心線を陰線が下抜ける「かぶせ線」

「かぶせ線」は抱き線やはらみ足と違い、1本目が陽線、2本目が陰線の1パターンのみです。

　1本目が大陽線で、2本目が1本目の中心線を下抜ける陰線になった場合にかぶせ線となります。1本目の陽線で大きく上昇したものの、2本目で1本目の半値を割るほど下落し、上昇を打ち消しているため、売りの勢いが強いと判断できます。**特に上昇局面で出た場合は、相場の天井を示唆します。**

大陰線の中心線を陽線が上抜ける「切り込み線」

「切り込み線」は、かぶせ線の反対で1本目が大陰線、2本目が1本目の中心線を上回る陽線のパターンです。

　日足の場合、大きく下げた前日の終値よりも下で始値が確定しているにもかかわらず、前日の中心線を上回る陽線で終値が確定していることになります。

　そのため、**上昇局面で切り込み線が出た場合はトレンド継続、下降局面で出た場合はトレンド反転と判断できるので買いサインです。**

大陰線の中心線を上ヒゲが上抜ける「差し込み線」

　切り込み線と似たパターンですが、1本目の中心線を2本目の上ヒゲだけが超えたパターンです。

　切り込み線の場合は2本目の陽線で上昇の勢いが強いことを示唆していますが、差し込み線の場合は2本目の陽線が1本目の中心線を抜けたところで売りが入り押し返されています。つまり、上昇の勢いが継続しなかったことを示しています。

　そのため、**上昇局面で差し込み線が出た場合は、天井と判断できるので売りサインです。**

☑Check!　**下降局面で切り込み線が出た場合は、下降から上昇への反転を示すため、買いサインを示す。**

62

パターン**14** かぶせ線・切り込み線・差し込み線

かぶせ線

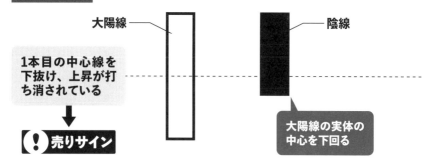

大陽線

陰線

1本目の中心線を下抜け、上昇が打ち消されている

→ (!)売りサイン

大陽線の実体の中心を下回る

切り込み線

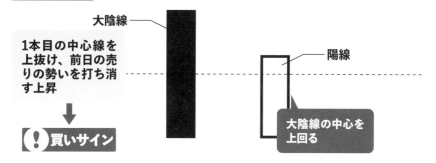

大陰線

陽線

1本目の中心線を上抜け、前日の売りの勢いを打ち消す上昇

→ (!)買いサイン

大陰線の中心を上回る

差し込み線

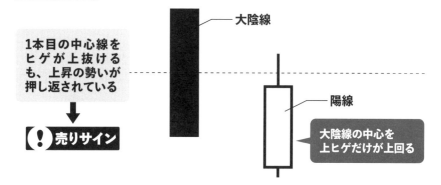

大陰線

陽線

1本目の中心線をヒゲが上抜けるも、上昇の勢いが押し返されている

→ (!)売りサイン

大陰線の中心を上ヒゲだけが上回る

63

価格が反転するサイン
ピンバー

トレンドの終盤で出現すると、価格の反転を示すローソク足が「ピンバー」です。
ヒゲの向きによって強気のピンバーと弱気のピンバーに分類されます。

高値圏や安値圏で出現すると反転を示す

　ピンバーは人気のあるローソク足パターンのひとつで、トレンドの転換点を教えてくれます。このパターンは、価格が一定の方向に強く動いた後に出現して反転を示すため、エントリーにあたって重要な手がかりとなります。

　ピンバーは、短い実体と長いヒゲを持つ特徴的な形状をしています。これは、買い手または売り手が一時的に価格を押し上げたり下げたりしたものの、最終的には反対方向への圧力が勝って価格がもとのレベルに戻ったことを示します。したがって、ピンバーのヒゲが長いほど反転の圧力は強いと考えられます。

　ピンバーには2パターンあり、ひとつはヒゲが下に長く、実体が小さいもので、主に下降トレンドの底で形成されます。このパターンは、売り圧力の後に買い圧力が強まり、価格が上昇する可能性があることを示します。もうひとつのピンバーは、ヒゲが上に長く、実体が小さいもので、主に上昇トレンドの頂点で形成されます。このパターンは、買い圧力の後に売り圧力が強まり、価格が下降する可能性があることを示します。

　ピンバーを取引戦略に組み込む際には、出現した位置に注目します。過去に何度も高値や安値が反発した水準で出現したピンバーは、特に有効なトレードのシグナルとなるので見逃さないようにしましょう。

☑Check!　ローソク足の実体の長さは方向感、ヒゲの長さは反発の強さを示すため、
　　　　　実体が短くヒゲが長いピンバーは反転を示す有力なサインとなる。

パターン15 強い下落の後に出現したピンバーは反転のサイン

【USD ／ JPY】

15分足

強い下落

ピンバー出現後に反転

強い下落の後に、実体が短く下ヒゲが長いローソク足が出現
➡ピンバー

実体が短くヒゲが
長いピンバーで、
反転を予測しよう

プロのアドバイス

陽線や陰線が連続して、大きく価格が動いた後はローソク足の形状に注目しましょう

2本のローソク足で反発を示すキーリバーサル

ローソク足は2本以上組み合わせて値動きを示す場合もあります。その代表的な例がキーリバーサルです。

2本のローソク足の組み合わせで反発を示す

キーリバーサル（Key Reversal）は2本のローソク足の組み合わせで、価格がある方向へ強く動いた後に現れることが多く、トレンドの転換点を示します。

具体的には、**2本目のローソク足が高値安値ともに1本目のローソク足を更新した場合に、キーリバーサルが成立します。**つまり、つつみ足の一種です。これは2本目のローソク足が高値もしくは安値を更新して、トレンド方向にさらに価格が進んだものの、最終的には跳ね返されてしまったこと意味するため、価格が反発するサインとなります。

キーリバーサルを特定する基本的な条件は3つあります。

①直前に強い値動きが発生していること。キーリバーサルは、明確な上昇トレンドまたは下降トレンドのなかで発生します。

②2本目のローソク足の高値と安値の両方とも1本目を更新していること。トレンド方向にさらに進んだ後で、押し戻されたことを意味します。

③2本目のローソク足の色が1本目と逆になっていること。例えば、上昇トレンド中にキーリバーサルが発生する場合、その期間の終値は1本前の終値よりも低くなります。これは、売り圧力が買い圧力を上回り、価格の方向に変化があったことを示します。

☑Check! **キーリバーサルは2本のローソク足の組み合わせだが、原理としてはピンバーと同じで、大きなヒゲをつくって価格が押し返された形。**

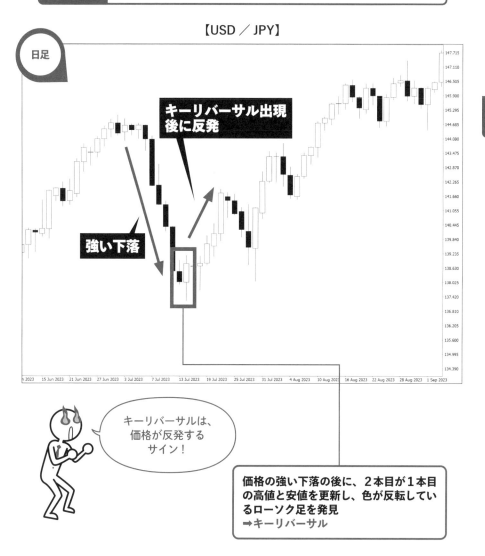

パターン16 安値圏で出現したキーリバーサルは反転のサイン

【USD ／ JPY】

第3章

ローソク足を使った分析

キーリバーサルは、価格が反発するサイン！

価格の強い下落の後に、2本目が1本目の高値と安値を更新し、色が反転しているローソク足を発見
➡キーリバーサル

プロのアドバイス

ピンバーと同様、高値圏や安値圏でキーリバーサルが出現すると反転のサインとなります

上昇トレンドへの転換を示すたくり線

たくり線は下降トレンドが長く続いた後に出るローソク足のパターンです。上昇トレンドへの転換サインなので、買いでのエントリーが狙えます。

下降局面では「長い下ヒゲのあるローソク足」に注目

たくり線は下降局面において、相場の反転（底打ち）を示唆するパターンです。右の図説における1本のローソク足のことを指しますが、**単体では「長い下ヒゲのあるローソク足」**となるので、上ヒゲのない陰のカラカサ（59ページ参照）や、実体のある陰線の場合もあります。重要なのはそれが**「下降トレンドが長く続いた後に出る」**という点で、仮に上昇やレンジの局面で下ヒゲの長いものが出てもたくり線とは呼びません。

たくり線は下降局面終盤の市場参加者の心理を反映する

下降トレンドが継続すると、高値で買い、含み損が出ている市場参加者が「もう損に耐えられない」と投げ売りし始めます。その動きによって大きく価格が下落した後、売りの勢いが尽きてくると、売買のバランスが崩れ、買いが優勢になってきます。たくり線は一度大きく下げて安値を付けた後に、一気に反発しているため、買いが優勢になったことを示します。

つまり、たくり線は1本のローソク足で一連の流れを可視化してくれるわけです。

特に1カ月程度下降トレンドが続き、明確なたくり線が出た場合には、相場が反転する可能性が高いと考えられています。

☑Check!　**単に下ヒゲが長ければ上昇のサインというわけではない点に注意。下降トレンドが続いている場合に、下ヒゲの長さに注目しておくとよい。**

【USD/JPY】

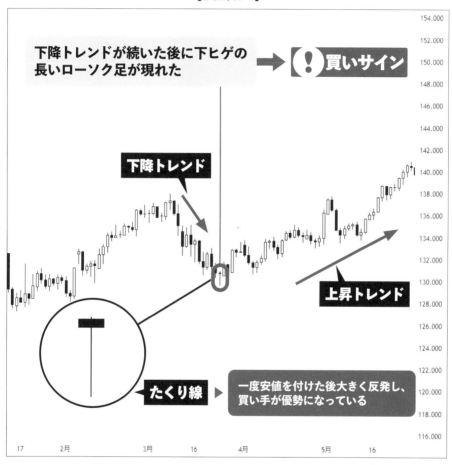

下降トレンドが続いた後に下ヒゲの
長いローソク足が現れた　➡　**【!】買いサイン**

下降トレンド

上昇トレンド

たくり線　▶　一度安値を付けた後大きく反発し、
買い手が優勢になっている

第**3**章　ローソク足を使った分析

プロのアドバイス

長く続いた下降トレンドほどたくり線が出た場合に反転する可能性が高くなるので、下ヒゲに注目しましょう

下影陽線・下影陰線は
急落後の上昇のサイン

下影陽線、下影陰線は「売り渋り」が起きているサインです。特に、急落時に現れたときは買いサインとなります。

下影陽線・下影陰線は下落後に出ると注目

　下影陽線や下影陰線は買いサインとして機能します。特に注目したいのが、**急落、もしくはしばらく価格が下降した後に出るケースです**。それまで売り圧力があった状態から買いの反発が発生し、市場参加者に反発が意識されやすくなります。さらに、下影陽線であれば、実体部分が陽線であるため、より強い反転のサインと考えられます。

　そうした性質が顕著に出たのが右上図のケースです。チャート中盤まで下落が続いていましたが、28日に下影陰線が出現し、その後、上昇に転じています。数日前に大きな陰線となって売られましたが、同時に買いの抵抗力が強く、続く動きで下げられなかったことで相場が上昇に向かって反転したというわけです。

　スキャルピングで買いエントリーする際にも、**下ヒゲのあるローソク足を確認しておくことで反転時にエントリーしやすくなります**。

上昇トレンドの初動になるケースもある

　右下図のように、下ヒゲのあるローソク足のなかでも、**実体が大陽線のように長い場合は要注目です**。下げ（下ヒゲ部分）がダマシとなり、ショートの損切りを巻き込んで価格が上昇するため、上昇トレンド発生の初動として考えることができます。

☑Check!　**価格が急落、もしくは下降した後に下影陽線・下影陰線が出ると、強い買いのサインとなる。また、実体部分が長い場合も買いサイン。**

70

パターン18　下落後に出現する下ヒゲの長いローソク足

【USD ／ JPY】

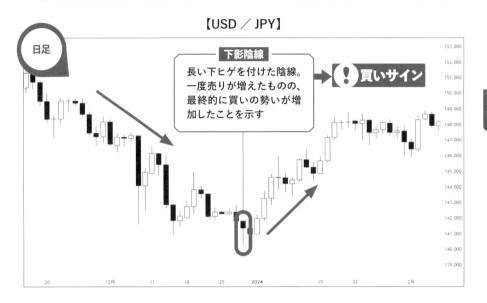

日足

下影陰線
長い下ヒゲを付けた陰線。
一度売りが増えたものの、
最終的に買いの勢いが増
加したことを示す

【!】買いサイン

第3章　ローソク足を使った分析

パターン19　実体が長く、かつ下ヒゲの長いローソク足

【USD ／ JPY】

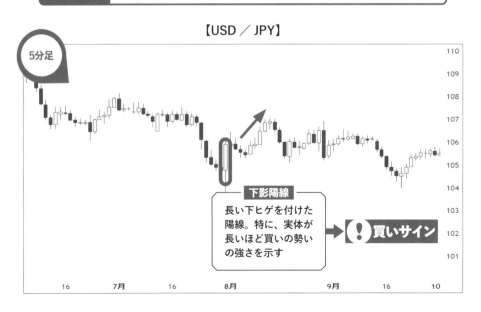

5分足

下影陽線
長い下ヒゲを付けた
陽線。特に、実体が
長いほど買いの勢い
の強さを示す

【!】買いサイン

71

上影陽線・上影陰線は急騰後の下落のサイン

エントリー後に価格が急騰したとき、もしくは、相場の急騰後に相場の反転を見極めたいときに有効なのが「上ヒゲのあるローソク足」です。

急騰から急落する際のサイン

　上影陽線、上影陰線は天井圏で出現すると下降への転換サインとなります。

　特に価格が急変した直後のローソク足やその後のローソク足で、長めの上ヒゲが付くことがあります。

　これは、直前の変動を見た短期勢が飛びついただけで買いの勢いが続かない、もしくは逆方向への圧力がより強い場合に発生しやすく、上昇相場であれば**急騰から一転して売られるケースがよくあります。**

　そのため、急騰時に長めの上ヒゲを持つローソク足が出現した場合、その前に買っていれば利確を検討したほうがよいでしょう。相場の反転可能性が高まることを踏まえると、ショートでエントリーするチャンスとも考えられます。

上昇トレンドの初動でも現れることがある

　ただし、右下図のように、急騰後に長めの上ヒゲのあるローソク足が出現しても、上昇トレンドの初動として、その後高値を超える場合もあります。「上ヒゲのあるローソク足が出たらショート」というルールでトレードした場合、損切りラインを「上ヒゲまで」といったように、あらかじめ決めておくとよいでしょう。

身につける！　上影陽線・上影陰線が出現しても下落につながらないことがあるため、ショートでは常に損切りラインを意識する。

パターン20　上昇後に出現する上ヒゲの長いローソク足

【USD ／ JPY】

日足

上影陽線

長い上ヒゲを付けた陽線。一度買いが増えたものの、最終的に売りの勢いが増加したことを示す

→ **(!) 売りサイン**

【USD ／ JPY】

日足

上影陽線を付けたが、その後上昇トレンドが発生した

▼

**ショートの場合は
すぐに損切りする**

トレンド転換を示す
毛抜き天井と毛抜き底

毛抜き天井は相場の高値圏、毛抜き底は相場の安値圏で発生した場合、転換を示します。ただし、次の値動き次第ではトレンド継続の場合もあります。

「高値（安値）が2本ともほとんど同じ値」がポイント

相場の天井・底をシンプルに示すものが「毛抜き天井（底）」です。

毛抜き天井は、相場の高値圏で2本のローソク足がほぼ同じ水準の高値で止まっている状態、毛抜き底は反対に安値圏で2本のローソク足の安値がほぼ同じ水準で止まっている状態を指します。両者共に、ヒゲか実体かによらず、安値・高値が揃っているかで判断します。完全に同じ値でなくとも、「ほぼ同じ値」と判断できれば毛抜き天井（底）です。

毛抜き天井は、シンプルに**前回の高値を次の足で超えられなかったことを示しているため、逆方向への短期的なトレンドの転換点になると考えられています。**特に高値圏で上ヒゲが2本続くような場合は、同じような売り圧力で押し戻されると判断され、転換を示唆していることがわかります。

100％反転するわけではないので注意が必要

そのため、例えば下から買っていて含み益が出ている状態であれば、毛抜き天井の出現で利益確定といった判断が可能です。ただし、毛抜き天井（底）が出たからといって100％反転するわけではありません。そのため、**出現後、高値や安値を超えていく動きが出ればトレンド継続と判断するのもひとつの手です。**

用語解説	
安値圏・高値圏	ある一定期間において、安いところ（下がってきて、過去と比較して低い水準）を安値圏、高いところ（上がってきて、過去と比べて高い水準）を高値圏という。

パターン21 転換を示す「毛抜き天井」

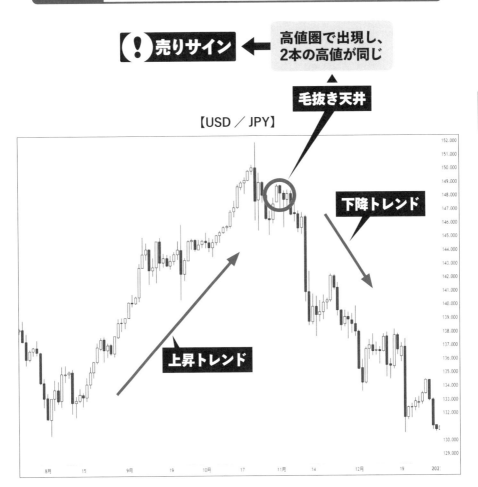

【!】売りサイン ← 高値圏で出現し、2本の高値が同じ

毛抜き天井

【USD／JPY】

下降トレンド

上昇トレンド

プロのアドバイス

特に高値圏で上ヒゲが2本続く場合は、同じような売り圧力で押し戻されているため、下降トレンドへ転換しやすい

練習

問題❶──単独のローソク足のポイント

Q トレンドの転換を示す ポイントはどこ？①

【USD ／ JPY】

30分足

> ローソク足を見る
> ポイントは「実体」と
> 「ヒゲ」だね

実体とヒゲの大きさから価格の勢いを分析

　まずは反転を示すローソク足について復習しましょう。上のチャートのなかから、価格が反転することを示している１本のローソク足を探してみてください。

　ローソク足の分析をするときは、実体とヒゲの長さに注目しましょう。実体が大きくヒゲが短いほど価格の勢いが強いことを意味します。反対に、実体が短くヒゲが長いほど価格に方向感がないことを意味します。

練習

問題❷──複数のローソク足のポイント

Q トレンドの転換を示す ポイントはどこ？②

【USD／JPY】

ローソク足の組み合わせから反転する場所を探す

　ローソク足単体だけでなく、２本の組み合わせから値動きを予想することもできます。上のチャートのなかから、反転を示すローソク足のパターンが出現している場所を探しましょう。

　価格が反転するポイントを探すときは、一旦高値や安値を更新したものの、その後勢いが衰えて大きく反転しているところを見付けることが大切です。

解答❶——単独のローソク足のポイント

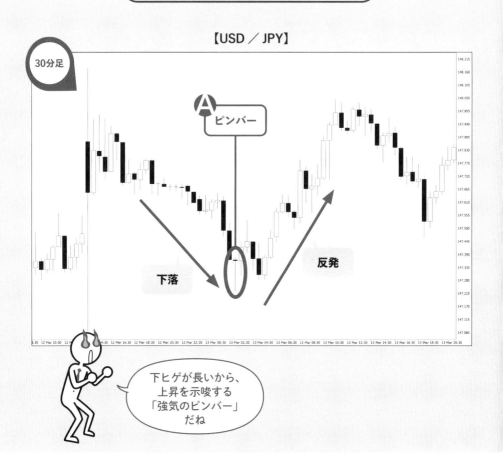

【USD／JPY】

下ヒゲが長いから、
上昇を示唆する
「強気のピンバー」
だね

高値圏や安値圏でのピンバーは価格の反転を示す

正解はチャートの中央にある、安値圏で出現したピンバーです。ピンバーとは、実体が小さくヒゲが長いローソク足のことで、上昇や下落の勢いが弱まって価格が反発したことを意味します。

特に高値圏や安値圏で出現すると反転のサインとなります。下ヒゲが長いものは「強気のピンバー」で上昇を示唆し、上ヒゲが長いものは「弱気のピンバー」で下落を示唆します。

練習

解答❷——複数のローソク足のポイント

【USD／JPY】

4時間足

キーリバーサル

下落

反発

ローソク足の色が
反転しているのが
ポイントだね

ローソク足2本で反転を示すキーリバーサル

　正解は、チャート右側にあるキーリバーサルの部分です。

　キーリバーサルとは、2本目のローソク足が1本目のローソク足の高値と安値を更新しつつ、価格が反転している（ローソク足の色が反対になっている）パターンのことをいいます。ピンバーと同様、高値圏や安値圏で出現すると反転のサインです。

　2本のローソク足の組み合わせを見て探しましょう。また、キーリバーサルが成立する3つの条件（66ページ参照）も覚えておきましょう。

米ドルを基に考えよう

米ドル円は「USD ／ JPY」と表記される通貨ペアで、決して円米ドル（JPY ／ USD）とはいいません。これは、左側の通貨に対して右側の通貨ではいくらの価値があるかを示しているためです。逆にすると数値は違ってきます。

左側の通貨（基軸通貨）を売り買いする場合、右側の通貨（決済通貨）で決済するということ。つまり米ドル円なら、米ドルを買うのか売るのかを考え、結果的に円高になったり円安になったりします。まずは日本円で考える習慣から離れて、基軸通貨米ドルを意識することが重要です。

世界中にさまざまな通貨があるなかで、米ドル（USD）、ユーロ（EUR）、英ポンド（GBP）、日本円（JPY）、スイスフラン（CHF）、カナダドル（CAD）などは「ハードカレンシー」と呼ばれ、主要通貨とされています。世界の貿易取引ではこの主要通貨で決済されることがほとんどで、FXでもこの主要通貨の動きを見ることが基本です。

米ドル、ユーロ、円、英ポンドを組み合わせた通貨ペアは6通りありますが、このなかでももっとも取引量が多いのはユーロ米ドルです。

取引量の多さは、流動性が潤沢で極端な値動きになりにくいことにつながります。ここでいう流動性とは市場での取引量を表すもので、多くの注文が出ている場合は、流動性は高いと評価されます。流動性が高いとトレンドが現れた際にそれが継続しやすく、値動きが安定的なので、比較的取引しやすい通貨ペアといえます。なおユーロ米ドルに次いで米ドル円の通貨ペアも取引高が多いです。

取引に慣れないうちはユーロ米ドル、または米ドル円の通貨ペアを主に選んでみるとよいでしょう。

トレンドの読み方

ダウ理論とチャートパターン

複数のローソク足をひとつの情報として見る「チャートパター
ン」。ダウ理論と併用して、相場の傾向などを掴みましょう。

Keywords

●ダウ理論

●酒田五法

●サポートとレジスタンス

●チャートパターン

●保ち合い

ダウ理論①
トレンドの定義

ダウ理論にもとづいたチャート分析とトレンドフォローは、テクニカル分析の本流であり、FXにおける王道の取引戦略です。

トレンドは明確な転換サインが出るまで続く

　ダウ理論とは、19世紀後半にアメリカの証券アナリストであったチャールズ・ダウによって提唱された相場分析の理論です。

　テクニカル分析の元祖ともいえる存在で、現代のチャート分析の多くがダウ理論にもとづいているので、チャート分析を学ぶ上で欠かせない考え方です。

　ダウ理論のなかでも重要なのが「トレンドは明確な転換サインが出るまで続く」というものです。

　つまり、単に高値や安値を更新しただけではトレンドと呼ぶことはできず、**高値と安値の両方を切り上げていくのが「上昇トレンド」、高値と安値の両方を切り下げていくのが「下降トレンド」**と定義されます。

平均は相互に確認される

　「トレンドをより正確に判断するためには、複数の銘柄を確認する必要がある」というのは、ダウ理論の法則のひとつです。もともとは株式市場を分析したもので、FXにおいては、**トレンドを判断するには、複数の通貨ペアや時間足を確認する必要がある**といえます。

用語解説

チャールズ・ダウ　　　1851年生まれ。ダウ理論を提唱しただけでなく、経済新聞社「ダウ・ジョーンズ」を設立し、現在でも広く使われるダウ平均株価を算出した。

パターン22 ダウ理論による上昇トレンドの定義

【USD ／ JPY】

8時間足

111.675
111.475
111.275
111.075
110.875
110.675
110.475
110.275
110.075
109.875
109.675
109.475
109.275
109.075
108.875
108.675
108.475
108.275
108.075
107.875
107.675
107.475

直近高値を更新し、次の値動きで直近安値を更新しない

高値と安値を切り上げている ➡ 上昇トレンド

00 11 May 16:00 14 May 08:00 19 May 00:00 May 16:00 26 May 08:00 31 May 00:00 2 Jun 16:00 7 Jun 08:00 10 Jun 00:00 14 Jun 16:00 17 Jun 08:00 22 Jun 00:00 24 Jun 16:00 29 Jun 08:00 2 Jul 00:00

(!)買いサイン

ダウ理論を使えば、トレンドの継続を客観的に判断できる！

プロのアドバイス

ダウ理論にもとづいてトレンドを判断することで、より正確に相場の方向感をとらえることが可能です

ダウ理論②
トレンドの転換

ダウ理論にもとづくトレンドの条件が崩れたとき、トレンドが転換したと判断できます。高値と安値の両方に注目しましょう。

トレンド継続の条件が崩れたとき、トレンドが転換する

　ダウ理論にもとづくトレンドの定義は「高値と安値を切り上げる（切り下げる）」ことです。この条件が崩れたとき、トレンドは終了したと考えます。高値と安値のどちらか片方ではなく、両方ともが現在のトレンドを否定しなければ、トレンドが転換したとは判断できません。

　つまり、**高値と安値を切り上げる上昇トレンドの途中で、高値と安値の両方を更新できずに切り下げたときに、下降トレンドに転換したと判断します。**

　同様に、高値と安値を切り下げる下降トレンドの途中で、高値と安値の両方を更新できずに切り上げたときに、上昇トレンドに転換したと判断します。

常に直近の目立つ高値・安値を参照する

　トレンドの方向やトレンドの転換を判断する上で、参照する高値と安値は常に最新のものである点には注意が必要です。すでに更新された過去の高値や安値は、トレンドの判断材料とはなりません。

　あくまでも直近の高値と安値だけを使うということを忘れないようにしましょう。

プラスα　　**トレンドの転換点はエントリーポイントに利用することもできるが、損切りが遠くなる場合もある。**

パターン23　ダウ理論にもとづくトレンド転換

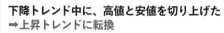

【USD ／ JPY】

下降トレンド中に、高値と安値を切り上げた
➡上昇トレンドに転換

4時間足

149.000
148.000
147.000
146.000
145.000
144.000
143.000
142.000
141.000

下降トレンド

上昇トレンド

11　　18　　25　　2024　　8　　15

第**4**章　ダウ理論とチャートパターン

判断に使うのは
「直近」の高値と
安値だね

プロのアドバイス

トレンド転換の判断には高値と安値の両方が必要です。どちらか一方だけで判断しないようにしましょう

ダウ理論③ エントリーや 決済のサインに使う

ダウ理論は、エントリーや決済の目安として使えるほか、チャートの大きなトレンドの流れを判断したり、環境認識にも利用できます。

ダウ理論を利用して売買のタイミングをはかる

　ダウ理論は単にトレンドの方向を見極めるだけでなく、エントリーの目安としても使うことができます。

　買いの場合は、高値と安値が切り上がる上昇トレンド中に、前回の高値を更新したらエントリーします。売りの場合は、高値と安値が切り下がる下降トレンド中に、前回の安値を更新したらエントリーします。

　ただし、高値や安値を更新したからといって、必ずトレンドが継続するわけではないので、損切りの位置も考慮してエントリーする必要があります。

　また、ダウ理論を利用すれば、エントリーだけでなく利益確定や損切りといった決済のポイントを探せます。

　トレンドフォロー戦略で買いエントリーした場合、上昇トレンドが転換して下降トレンドとなったときが決済の合図です。つまり高値と安値の両方を切り下げるタイミングで、含み益となっていれば利益確定、含み損であれば損切りとなります。

　エントリーの際に直近の安値の少し下に損切りを入れることになるので、事前に損切りまでの距離がわかり、最大損失額をコントロールするのに役立ちます。

用語解説

損小利大　　　　　　　　　損切りは小さく、利益確定は大きくすることで、長期的に利益を残すトレードのこと。FXではこの損小利大の取引が理想的とされる。

【USD ／ JPY】

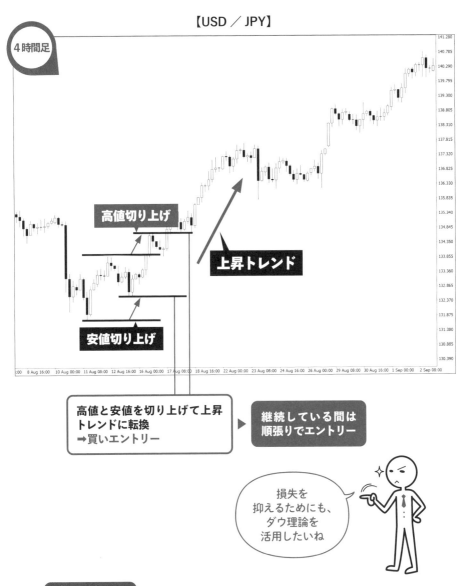

4時間足

高値切り上げ

上昇トレンド

安値切り上げ

高値と安値を切り上げて上昇
トレンドに転換
➡買いエントリー ▶ 継続している間は
順張りでエントリー

損失を
抑えるためにも、
ダウ理論を
活用したいね

第**4**章 ダウ理論とチャートパターン

プロのアドバイス

ダウ理論にもとづいてエントリーや決済をすることで、再現性の高い、より客観的なトレードができます

相場の反転を示す
酒田五法①　三山

酒田五法は、日本で誕生した代表的な5つのチャートパターンの総称です。三山は相場の反転を示すサインとして使われます。

200年以上親しまれるチャートパターン

「酒田五法」とは、江戸時代の米相場で活躍した本間宗久が考案した日本発の分析方法で、200年以上経った現在でもチャート分析の基礎として広く親しまれています。酒田五法は「三山」「三川」「三空」「三兵」「三法」の5つのパターンからなり、ここでは為替チャートではほぼ発生しない「三空」を除き、それぞれ解説します。

　三山（さんざん）は、**名前の通り時間をかけて多くのローソク足で構成される「3つの山」が特徴的なチャート形状で、相場の天井や大底で出現すると反転のサイン**です。以降で解説する三尊や逆三尊はこの三山のバリエーションのひとつですが、三山の基本は、3つの山の頂上や底の値がほぼ同じになる、右図のようなパターンです。このチャートパターンは一般的には「トリプルトップ、トリプルボトム」とも呼ばれます。

ダブルトップより強いサインとして機能する

　トリプルトップの場合は直前の2つの安値を結んだネックラインを引き、このラインを下抜ければトレンド転換のサインです。ダブルトップやダブルボトム（106ページ参照）に似ていますが、三山は、これらよりも**さらに一度高値や安値を試して跳ね返されているため、より強い転換のサインとして考えられています。**

プラスα　**3つの山が同じ位置になる三山は、海外でトリプルトップと呼ばれる。三尊は2つ目の山が高く、ヘッド＆ショルダーズ・トップとも呼ばれる。**

パターン25	天井圏で現れる三山

【USD ／ JPY】

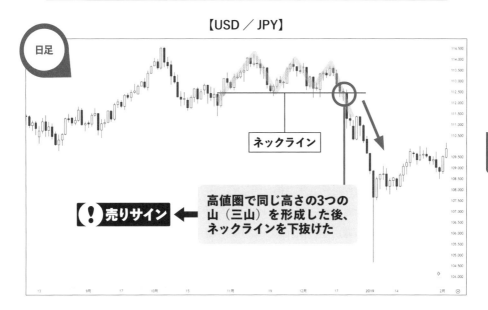

日足

ネックライン

(!) 売りサイン ← 高値圏で同じ高さの3つの山（三山）を形成した後、ネックラインを下抜けた

パターン26	底値圏で現れる三山

【USD ／ JPY】

日足

(!) 買いサイン ← 底値圏で同じ高さの3つの谷（三山）を形成した後、ネックラインを上抜けた

相場の反転を示す
酒田五法② 　三川

3つのローソク足からなるチャートパターンです。三川宵の明星と三川明けの明星の2種類あり、それぞれ売りサイン、買いサインとして機能します。

相場の天井を示す「三川宵の明星」

　酒田五法の「三川（さんせん）」は、3本のローソク足からなるチャートパターンです。三川のうち、「三川宵の明星」「三川明けの明星」のパターンが代表的です。

　三川宵の明星は、ローソク足が「陽線」「十字線（もしくはコマ）」「陰線」の順で出る状態です。

　相場の天井を示唆するパターンで、この形が出現すると上昇トレンドから下降トレンドに転換すると考えられるため、すでに下から買って含み益が出ている場合は決済のサインとして使えます。

相場の底を示す「三川明けの明星」

　三川明けの明星は、相場の底を示唆するパターンです。

　「陰線」「十字線（もしくはコマ）」「陽線」の組み合わせでできており、**下降トレンドから上昇トレンドへの転換の可能性が高まるため、買いのサイン**となります。

　宵の明星、明けの明星どちらとも、このパターンが出現したからといって相場が必ず反転するわけではありません。しかし、古くから知られてきたチャートパターンであるため、転換が意識されやすくなるという点は知っておくべきでしょう。

プラスα　3つのローソク足の間に窓ができることも条件となるが、FXにおいて窓が空くことはほぼないので、ローソク足の並びで判断する。

パターン27	三川宵の明星

【USD ／ JPY】

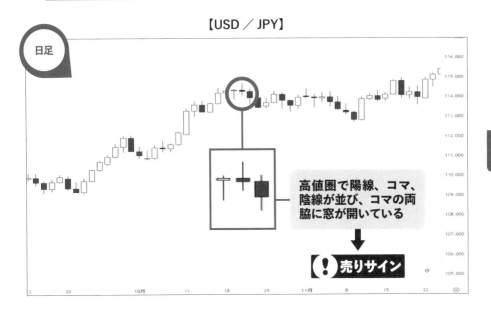

日足

高値圏で陽線、コマ、陰線が並び、コマの両脇に窓が開いている

➡

⚠ 売りサイン

第4章 ダウ理論とチャートパターン

パターン28	三川明けの明星

【USD ／ JPY】

日足

底値圏で陰線、十字線、陽線が並んでいる

➡

⚠ 買いサイン

トレンド初期に出る
酒田五法③　三兵

酒田五法の三兵は、三川と同様に3本のローソク足を組み合わせてから相場を
予測する分析手法です。陽線か陰線が3連続で出た状態が基本形です。

強気相場を表す赤三兵

　酒田五法の「三兵（さんぺい）」は、三川と同様に3本のローソク足の
組み合わせから相場を予測する分析手法です。大きく分けて、上昇時に出
現する「赤三兵」と下降時に出現する「黒三兵」の2種類があります。

　赤三兵は、陽線（赤）が3本連続で出現し、それぞれが前の足の高値を
上回っているパターンです。**相場の強気を示し、特に底値圏で出現すれば
買いサインと考えてよいでしょう。**

　ローソク足の種類が少し異なる派生形があり、2、3本目のローソク足
に上ヒゲが出て上昇の勢いが鈍化していることを示す「赤三兵先詰まり」、
2本目のローソク足が大陽線で3本目がコマや十字線（58ページ参照）
となって一時的な調整を示唆する「赤三線思案星」があります。

弱気相場を表す黒三兵

　陰線（黒）が3本連続で出現し、それぞれが前の足の安値を下回るのが
黒三兵（三羽烏とも呼びます）です。**相場の弱気を示すため、特に天井圏
で出現すれば売りのサインと考えます。**黒三兵のバリエーションには、3
本の陰線が大引けで最安値を付け着実な相場の弱気を示す「坊主三羽」、
1本目の終値と2本目の始値、2本目の終値と3本目の始値が同じ価格と
なり、強い下降を示唆する「同時三羽」があります。

プラスα　**赤三兵は買いサインだが、高値圏で2、3本目のローソク足に上ヒゲが付
いている場合は上昇の勢いが弱くなっているサインとなる。**

赤三兵

安値圏で3本の陽線が窓を開けず
に高値を更新しながら上昇

➡ (!)買いサイン

【USD ／ JPY】

下降トレンド

安値圏で安値の更新が何度か
否定された後に赤三兵が出た

▶ 上昇トレンドに転換する
初期段階

プロのアドバイス

**同じ赤三兵でも安値圏で出るか高値圏で出るかでその後の
値動きが変わるので、出る場所に注目しましょう**

第4章 ダウ理論とチャートパターン

トレンド継続を示す
酒田五法④　三法

三法は、トレンドから保ち合いに突入した際、再びトレンド方向に上昇・下落を続けていくのかを見極めるサインで、主に順張りで役立ちます。

トレンドの継続を確認できるサイン

　酒田五法の「三法（さんぽう）」は、トレンドが一度調整し、再度、上昇・下降が継続するポイントを判断するチャートパターンです。上昇相場では「上げ三法」、下降相場では「下げ三法」の２つに区別され、上げ三法の場合は「大陽線（50ページ参照）・保ち合い・大陽線」、下げ三法の場合は「大陰線（50ページ参照）・保ち合い・大陰線」が基本的な組み合わせとなります。

　上下どちらの三法も、**トレンドが一度保ち合い状態になり、それぞれ上限や下限をブレイクすることでトレンド継続を判断します。**

大陽線・大陰線のラインが肝になる

　上げ三法では、上昇トレンド中に大陽線が出現し、続くローソク足で高値を更新できない場合、大陽線の高値から水平線を引いておきます。しばらく保ち合いが続いた後、**高値から引いたラインを大陽線で上抜ければ上昇継続のサイン**となります。

　下げ三法はその逆で、下降トレンド中に大陰線を付けた後に保ち合いとなれば、前回の安値から水平線を引き、そのラインを大陰線で下抜ければ下降継続のサインです。

実践！　トレンド途中に保ち合いが発生すると、単なる調整か、反転の前段階なのかが判断しづらいが、三法を使うとその区別を行いやすい。

パターン30 上昇トレンド継続を示す「上げ三法」

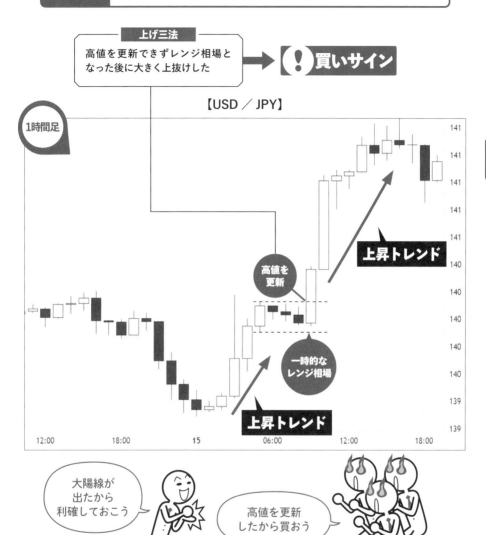

プロのアドバイス

上昇トレンドに乗れるので、順張りを狙う場合は大陽線後の値動きに注目しましょう

トレンド継続か反転の
目安になる支持線

支持線は直近の安値から相場の上昇に合わせて引いた右肩上がりの斜め線のことです。上昇トレンドの継続や反転の目安になります。

支持線は買われやすい

支持線とは、直近の2点以上の安値を結んだ線のことです。下値支持線、またはサポートラインとも呼ばれています。

支持線は**上昇相場のなかで一時的に下げても下値支持があってすぐに上昇した**ことを示していて、このライン（支持線）を割るまでは上昇が続くと考えられるラインです。**事前に支持線をチャートに引いておくことで、トレンドの反転を予測したり、支持線に接近したら買う戦略に使う**ことができます。

ブレイクした方向へ勢いがつきやすい

支持線手前や支持線付近で反発する動きがあれば、上昇継続と考えて買いエントリーや追加買いをします。逆に、**支持線をブレイクする動きがあれば、相場が急転換する可能性が出るので、買いポジションを決済したり、売りエントリーを考えます**。特に3点以上を結ぶ強い支持線は多くの人に意識されるため、より有力なサポートの根拠となります。

また、抵抗線（レジスタンスライン）という線もあります（98ページ参照）。この支持線と抵抗線は、あらゆるライントレードの基本となるので、併せて知っておくとよいでしょう。

用語解説	
ライントレード	チャート上に引いたラインを用いて相場の動きを予測するトレード方法。

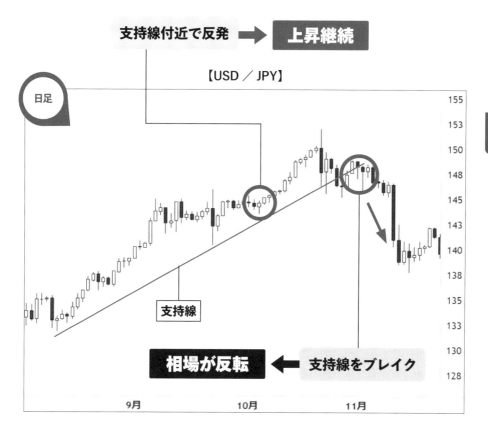

支持線付近で反発 ➡ 上昇継続

【USD ／ JPY】

日足

155
153
150
148
145
143
140
138
135
133
130
128

支持線

相場が反転 ◀ 支持線をブレイク

9月　　　10月　　　11月

第**4**章 ダウ理論とチャートパターン

プロのアドバイス

上昇局面で支持線に近づいたら、サポートされるか、ブレイクするか注目しましょう

トレンド継続か反転の
目安になる抵抗線

抵抗線は直近の高値から相場の下降に合わせて引いた右肩下がりの斜め線のことです。下降トレンドの継続や反転の目安になります。

抵抗線は売られやすい

　抵抗線とは、直近の2点以上の高値を結んだ線のことです。上値抵抗線、またはレジスタンスラインとも呼ばれています。

　抵抗線は支持線とは逆に、**下降相場のなかで一時的に価格が上がっても上値抵抗があってすぐに下降した**ことを示していて、このライン（抵抗線）を越えるまでは下降が続くと考えられるラインです。事前に抵抗線をチャートに引いておくことで、**トレンドが反転するタイミングを予測したり、抵抗線に接近したら売る戦略に使う**ことができます。

ブレイクした方向へ勢いがつきやすい

　支持線と同様に、ラインで反発する動きがあれば、その方向に向かってエントリーします。**ブレイクする動きがあれば、相場が反転して上昇へ勢いがつきやすく、その勢いを利用して値幅を取りにいく**かたちでエントリーします。

　97ページで紹介した支持線と併せて、相場の動きが変わるポイントがわかり、かつチャート上にラインを引くのもそれほど難しいものではないので、ぜひ活用したいラインです。

☑Check!　**抵抗線を用いることで、売られやすい値段をあらかじめ知ることができる。抵抗線に近づいてきたら注目しよう。**

パターン32 抵抗線（レジスタンスライン）を探す

【USD／JPY】

日足

抵抗線付近で反発 ➡ **下降継続**

抵抗線

相場が反転 ⬅ 抵抗線をブレイク

第**4**章　ダウ理論とチャートパターン

プロのアドバイス

長く抑えられた抵抗線ほど、ブレイクするとトレンド反転の勢いが強くなります

順張り

最もシンプルな基準
水平線

水平線は、高値や安値を基準とした水平な線のことです。トレンドの判断や売買の目安として使える最も基本的なラインです。

トレンドの判断や売買の基準として使える

　チャート上に引けるラインのなかでも、最もシンプルで重要なものが水平線です。**水平線は高値や安値を基準に水平な線を引いたもので、どのような取引ツールにもほぼ必ず搭載されている機能です。**

　ダウ理論では、高値と安値を切り上げることがトレンドの定義なので、重要な高値や安値に水平線を引いておくことで、トレンドの判断やエントリーや決済の目安となります。

意識される重要な水平線を探す

　水平線は高値や安値があればどこにでも引けるため、多くの市場参加者が意識する重要な価格水準を探すことが大切です。

　長期間にわたって繰り返し機能した水平線ほど、より多くの注文が集まるため価格が反発したり、ブレイクしたときに大きく動きやすくなります。

　そのほか、150円ちょうどなどのキリのよい数字の前後や、日足や週足といった上位足における高値安値も、重要な水平線として機能しやすくなります。

用語解説

取引ツール　チャートを表示させたり、売買したりできるツールのこと。証券会社をはじめ多くの企業が提供している。

パターン33　意識される重要な水平線を探す

【USD／JPY】

4時間足

前回の安値

前回の安値水準がもう一度サポートとして機能

年初来高値（安値）などは常に意識される価格帯なのでチェックしておこう

プロのアドバイス

日足などの上位足の高値安値は特に重要で意識されやすい水準です

第**4**章　ダウ理論とチャートパターン

101

トレンドの期間や強さを測るトレンドライン

上昇トレンド中の2点以上の安値、もしくは下降トレンド中の2点以上の高値を結んだ「トレンドライン」は、トレンドの情報を可視化できます。

トレンドを知る・予測するために有効

　トレンドラインは水平線と並んで、トレードの補助に使う最も一般的なラインです。**上昇トレンド中の2点以上の安値同士、もしくは下降トレンド中の2点以上の高値同士を結んだもので、トレンドラインの傾きや長さからトレンドの強さや持続期間を確認できます。**サポートラインまたはレジスタンスラインともいわれます。トレンドラインは上昇トレンドでは右肩上がり、下降トレンドでは右肩下がりとなります。

　なかでも、3点以上を結ぶトレンドラインは強く意識されるため、売買のポイントとして利用されます。トレンドフォロー戦略では、押し目買いや戻り売りの目安として考えられることが多いです。

　水平線と同様に、長く続いたトレンドラインほど重要視されるため、その水準を割り込んだときは大きく下落する傾向があります。そのため**トレンドラインを割り込んだときは含み益のポジションを決済したり、新たにポジションを保有するための目安としても活用できます。**

　水平線と同様に、トレンドラインも一度ブレイクすると役割を転換して、かつてのサポートラインがレジスタンスとなったり、その反対となることもあります。

プラスα **同じ通貨ペアでも、どこにトレンドラインを引くかは人によって異なる。自分のトレード手法や時間足にあわせたラインを探すようにする。**

【USD ／ JPY】

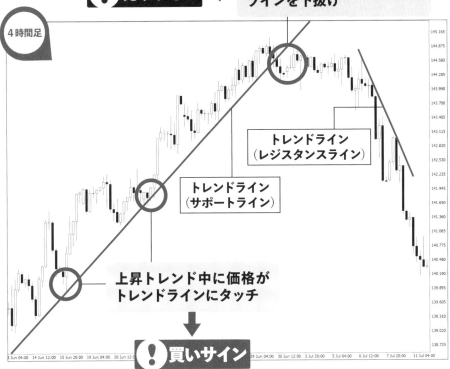

(!) 売りサイン ← 価格の勢いが落ちてトレンドラインを下抜け

4時間足

トレンドライン（レジスタンスライン）

トレンドライン（サポートライン）

上昇トレンド中に価格がトレンドラインにタッチ

(!) 買いサイン

第**4**章 ダウ理論とチャートパターン

トレンドラインが引ける状態は、「トレンドが継続している」と判断できる！

トレンドラインで反発したらトレンド継続、ブレイクしたらトレンド転換と判断できます

意識される値幅を見る
チャネル

チャネルとは、高値と安値に沿って引いた2本の平行なラインです。チャネルを利用すれば、予想される値幅を事前に知ることができます。

トレンドライン＋平行に引いたライン＝チャネル

　チャート上のトレンドラインと、それと平行に引いた2本のラインを「チャネル」といいます。 チャネルを引くためには、トレンドラインを引くための高値または安値の2点と、それに平行な対となる高値または安値の合計で4点が必要です。

　トレンドの発生中は、チャネルの幅に沿って価格が推移することも多く、値幅の予測や決済の目安として活用できます。多くの取引ツールでは、水平線やトレンドラインと同様に、チャネルラインを描画する機能があらかじめ準備されています。

長く続いたチャネルほど強く意識される

　水平線やトレンドラインと同様、**長期間にわたって繰り返し機能したチャネルほど強く意識されるため、取引の目安とされて価格が反応しやすくなります。**

　とりわけ日足や週足といった上位足でのチャネルは、ブレイクしたときに価格が大きく動くきっかけになりやすく、トレードの手がかりとして有用です。

プラスα　　上昇トレンド中に現れたら「上昇チャネル」「チャネルアップ」、下降トレンド中に現れたら「下降チャネル」「チャネルダウン」という。

パターン35　チャネルラインで価格が反発する

【USD／JPY】

4時間足

チャネル上で価格が反発
➡エントリーや決済のサイン

反発

反発

反発

反発

チャートは
チャネルラインを
前提に動く
ことがある！

第4章　ダウ理論とチャートパターン

プロのアドバイス

チャネルラインは意識されやすいため、チャートに引いて
おくと反発しやすい価格をあらかじめ把握できます

順張り

相場の天井を示す
ダブルトップ

ダブルトップは主要なチャートパターンのひとつで、同じ水準の高値を二度付けてから下落して価格の反転を示します。

高値を更新できずに下落するチャートパターン

　ダブルトップは、上昇トレンド中に価格が二回ともほぼ同じ水準の高値を付けた後で下落する値動きです。一般的に価格のピーク、つまり買い手の勢いが衰え、売り手が優勢になり始めるタイミングで出現します。チャートパターンのなかでも特に頻出の形なので、押さえておきましょう。

　ダブルトップの形成は、上昇中の価格が一度高値に達した後に下落し、その後再び上昇して前回の高値を試すものの、前回高値付近で再び下落することで確認できます。このパターンは「M」の字に似ているともいわれます。

エントリーや決済の目安になるネックライン

　ネックラインとは、ダブルトップの２つの高値の間に形成される安値の水準です。価格が同じ付近の高値を二度付けてからネックラインを下方向にブレイクすると、ダブルトップの完成とみなされ、価格が天井を付けて上昇トレンドが終了した可能性が高いと考えられます。

　ネックラインのブレイクは売りのサインとして利用されることが多く、ローソク足の終値がネックラインを下回って確定するかどうかが、エントリー判断の基準となります。ほかにも、高値とネックラインの値幅を利益確定の目標としても利用できます。

プラスα

高値を更新したように見えても、ダマシとなって戻ってきた場合、ダブルトップとなりやすい。

パターン**36** 天井を示すダブルトップ

【EUR／USD】

1時間足

ダブルトップ

ネックライン

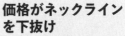

価格がネックライン
を下抜け

！ 売りサイン

上昇トレンドで
よく見られるチャート
パターン。
覚えておこう

プロのアドバイス

ダブルトップは上昇トレンドの最後によく見られます。ネックラインを下抜けるか確認してエントリーしましょう

順張り

相場の底を示す
ダブルボトム

ダブルボトムは底値圏で出現するチャートパターンで、安値が2回とも同じ水準を付けてから、再び反転して上昇します。

安値を更新できずに反転して上昇するパターン

ダブルボトムはダブルトップを上下逆にしたような形で、下降トレンド中に価格が2回ともほぼ同じ水準の安値を付けてから上昇する値動きです。ダブルボトムは底値圏における価格の下げ止まりを示しており、売り手の勢いが衰え、買い手が優勢になり始めるタイミングで出現します。

ダブルボトムの形成は、下落中の価格が一度安値に達した後に上昇し、その後再び下落して前回の安値付近を試すものの、再び上昇して高値を更新することで確認できます。このパターンは「W」の字に似ているともいわれます。

ネックラインの上抜けをしっかり確認する

ダブルボトムのネックラインは、2つの安値の間に形成される高値の水準です。価格が同じ安値を二度付けてからネックラインを上方向にブレイクすると、ダブルボトムの完成と判断できます。

連続で同じ付近の安値を付けると、ダブルボトムであると考えてしまいがちですが、実際にはネックラインを上抜けるまではダブルボトムであるとはいい切れません。反発の勢いが弱いと、ネックラインまで上昇できずに再度下落して下降トレンドが継続する場合もあるので、ダマシかどうかをしっかり見極めましょう。

用語解説

ダマシ テクニカル分析において、一度売買サインが出たにもかかわらず反対方向に価格が動くこと。時間軸が短いほど起こりやすい。

【USD ／ JPY】

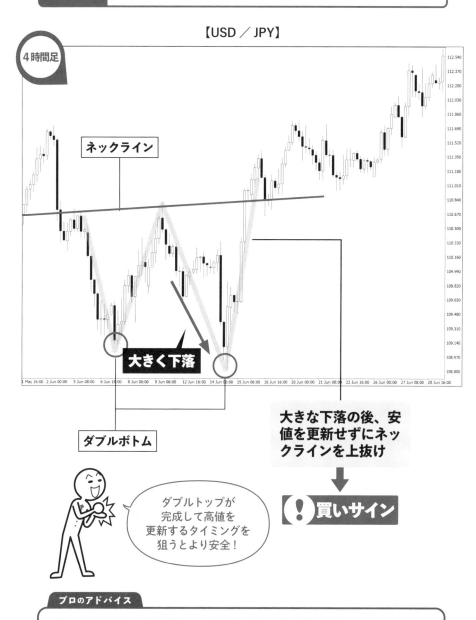

4時間足

ネックライン

大きく下落

ダブルボトム

大きな下落の後、安
値を更新せずにネッ
クラインを上抜け

↓

【!】買いサイン

ダブルトップが
完成して高値を
更新するタイミングを
狙うとより安全！

第**4**章 ダウ理論とチャートパターン

プロのアドバイス

ネックラインを上抜けした後、再び価格がネックラインま
で下がったところを押し目買いできます

相場の天井を示す
ヘッド＆ショルダーズ

ヘッド＆ショルダーはダブルトップと並んで有名な高値圏で出現するチャート
パターンです。日本語では「三尊天井」という名前でもよく知られます。

高値を3回試したが跳ね返された形

ヘッド＆ショルダーズは、上昇トレンド中の高値圏で出現する反転を示すもので、中央の大きな高値と、その左右の2つの小さな高値によって構成されます。 ダブルトップと並んで有名な、反転を示すチャートパターンです。

名前は、チャートの形が人間の頭（ヘッド）と両肩（ショルダーズ）のように見えることに由来します。日本語では「三尊天井」という名前でもよく知られています。

ネックラインを下に抜けたらパターンが完成

3つの高値の間にある、2つの安値を結んだラインがネックラインです。この**ネックラインを下方向に価格がブレイクしたとき、ヘッド＆ショルダーズのパターンが完成します。** 高値と安値が切り下がって、下降トレンドへ転換したと判断できるからです。

ネックラインを割って下落した場合には、ネックラインからいちばん大きな高値までの値幅と同程度の下落が期待できます。エントリーはネックラインをブレイクしたときか、その後反転して再度ネックラインにタッチしたところを狙います。損切りはネックラインより少し上に置くことが一般的です。

プラスα ダブルトップ（ダブルボトム）やヘッド＆ショルダーズのネックラインは、水平ではなく角度のついた線として出現する場合もある。

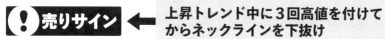

パターン38　ヘッド＆ショルダーズ（三尊）の完成

【USD ／ JPY】

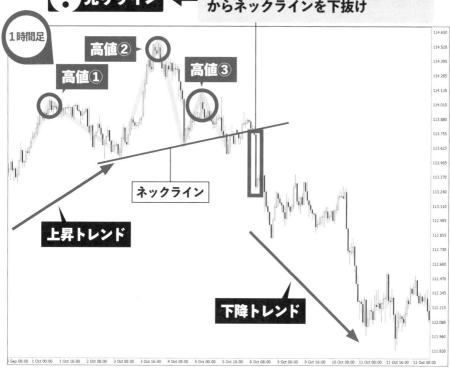

売りサイン ← 上昇トレンド中に3回高値を付けて からネックラインを下抜け

1時間足

高値②

高値①

高値③

ネックライン

上昇トレンド

下降トレンド

2つ目の「山」が
形成されてからは、
ネックラインを
意識しよう

プロのアドバイス

3つの高値を付けたらヘッド＆ショルダーズの可能性を考えて安値に注目します

第**4**章　ダウ理論とチャートパターン

相場の底を示す
インバースヘッド&ショルダーズ

インバースヘッド&ショルダーは「逆三尊」とも呼ばれる、安値圏で出現して価格の反転を示すチャートパターンです。

三度目の安値を更新できず、高値が切り上がる形

　インバースヘッド&ショルダーズは、ヘッド&ショルダーズを上下逆にした形をしています。**下降トレンド中の安値圏で出現する反転を示すチャートパターンで、中央の大きな安値と、その左右の2つの小さな安値によって構成されます。**三度目の安値が二度目の安値を更新できず、高値安値が切り上がってトレンドが転換します。インバースとは「逆」を意味する英語で、日本語では「逆三尊」とも呼ばれます。

ネックラインを上に抜けたらパターンが完成

　3つの安値の間にある、2つの高値を結んだラインがネックラインです。この**ネックラインを上方向に価格がブレイクしたとき、インバースヘッド&ショルダーズのパターンが完成します。**3回安値を付けた後でも、ネックラインを上に抜けるまでは下降トレンドは否定されないため、慌ててエントリーしないようにしましょう。

　ネックラインをブレイクして上昇した場合には、ネックラインから一番大きな安値までの値幅と同程度の上昇が期待できます。エントリーはネックラインをブレイクしたときか、その後反転して再度ネックラインにタッチしたところを狙います。損切りはネックラインより少し下に置くことが一般的です。

プラスα　　**インバースヘッド&ショルダーズは、下降トレンドの最終局面で出現する。レンジ相場で推移しているときなどはエントリーを見送ろう。**

【EUR ／ USD】

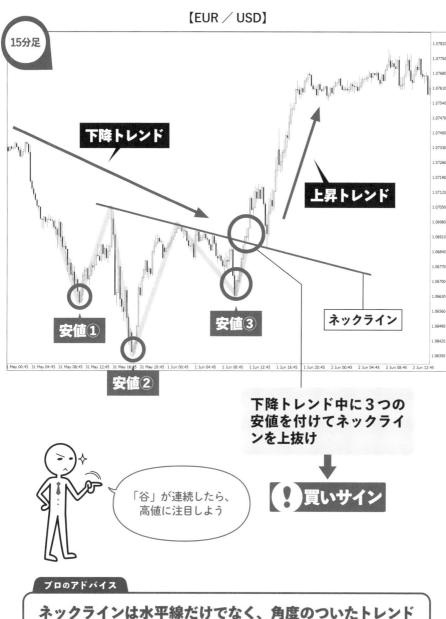

下降トレンド中に３つの
安値を付けてネックラインを上抜け

買いサイン

「谷」が連続したら、
高値に注目しよう

第4章 ダウ理論とチャートパターン

プロのアドバイス

ネックラインは水平線だけでなく、角度のついたトレンドラインとなる場合もあります

反転を示すダイヤモンドフォーメーション

ダイヤモンドフォーメーションは、安値圏や高値圏において出現し、反転を示します。ひし形の保ち合いをブレイクしたところが売買サインです。

ひし形の保ち合いをブレイクしたら完成

ダイヤモンドフォーメーションは、その名のとおり、ひし形（ダイヤモンド）のような形状をしています。中心ほど値幅が大きく、両端にいくほど値幅が小さくなっているのが特徴です。

ダイヤモンドフォーメーションは高値圏、安値圏のどちらにも出現し、この保ち合いをブレイクした方向に価格が反転します。ひし形をブレイクしたらエントリーの目安です。

直近の安値までの値幅を利益確定の目安に

下降トレンドでは、ダイヤモンドフォーメーション内の高値から安値までの値幅を目安として、ブレイクしたポイントから同じ幅だけ利益を狙うことができます。つまり保ち合いの値幅が、利益確定の目安です。

ダイヤモンドフォーメーションはたまにしか現れないチャートパターンですが、見付けたときは反転を狙ってみてもよいでしょう。

なお、ダイヤモンドフォーメーションと似たチャートパターンにヘッド＆ショルダーズ（110ページ参照）があります。

☑Check! **ダイヤモンドフォーメーションが出現しても、トレンドが転換せずに再度同じ方向にブレイクした場合にはトレンド継続と考える。**

【USD／JPY】

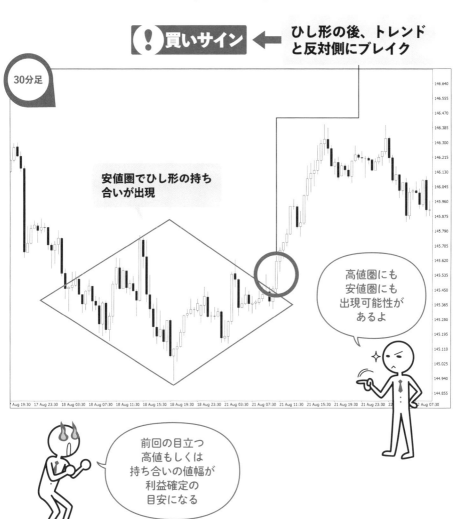

!買いサイン ← ひし形の後、トレンドと反対側にブレイク

30分足

安値圏でひし形の持ち合いが出現

高値圏にも安値圏にも出現可能性があるよ

前回の目立つ高値もしくは持ち合いの値幅が利益確定の目安になる

第**4**章 ダウ理論とチャートパターン

プロのアドバイス

珍しいチャートパターンではあるものの、エントリーや決済のポイントがわかりやすいので注目してみましょう

相場の反転を示す
カップウィズハンドル

カップウィズハンドルは、下降トレンドの終盤に出現して、価格の反転を示唆するチャートパターンです。特に欧米では人気のフォーメーションです。

ティーカップのような形で相場の底をつくる

　カップウィズハンドルは、英語では「取っ手付きのティーカップ」といった意味合いです。その名のとおり、カップの底とそれに続く取っ手の部分のようにチャートが見えることに由来します。このチャートパターンは**下降トレンドの終盤で出現して、トレンドの転換を示します。**

　カップウィズハンドルが形成されるには、まず価格の下落が徐々に落ち着いてから、ゆっくりと価格が反転してカップの部分ができます。その後、前回の高値付近に達した後に再び下落するものの、前回の安値まで到達せずに再度上昇し、ハンドルの部分を形成してから高値をブレイクします。

ハンドル部分の高値をブレイクすると値動きが加速

　ハンドルを形成して、前回の高値を上にブレイクするとカップウィズハンドルのチャートパターンが完成します。**高値安値が切り上がる上昇トレンドに転換するため、価格の反転が期待できるポイントです。**

　このときの価格の上昇幅は、カップの部分の値幅と同程度を目安とします。損切りは直近の安値の少し下に置くとよいでしょう。チャートのように、ブレイクした後に前回の高値をもう一度試すことも多いので、ラインまで引き付けてからエントリーも狙えます。

プラスα　カップウィズハンドルのカップの部分のような、丸型の天井や底のことを「ラウンドトップ」もしくは「ラウンドボトム」と呼ぶ。

パターン**41** カップウィズハンドルの完成

【USD ／ JPY】

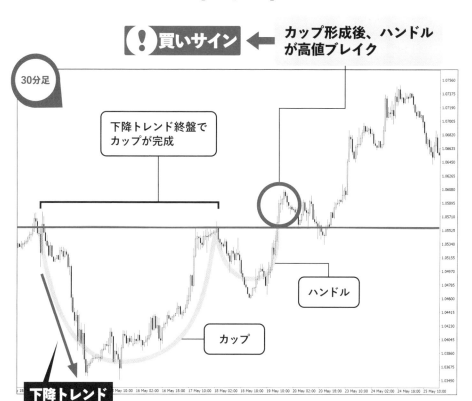

カップ形成後、ハンドルが高値ブレイク

！ 買いサイン

30分足

下降トレンド終盤で
カップが完成

ハンドル

カップ

下降トレンド

コーヒーカップ
のような形を
探してみよう

第**4**章 ダウ理論とチャートパターン

プロのアドバイス

ほかのパターン同様、ネックラインまで引き付けてからエントリーも狙えます

117

徐々に狭くなる保ち合い トライアングル

トライアングルは、値幅が先端に向かって徐々に狭くなっていく保ち合いのチャートパターンです。ブレイクした方向に価格が動きやすいです。

三角形の保ち合いが崩れた方向に価格が動く

トライアングルは、名前のとおり三角形を意味する保ち合いのチャートパターンです。日本語では「三角保ち合い」と呼ばれることもあります。**時間とともに徐々に値動きが狭くなっていき、最終的には価格が上下どちらかにブレイクして動き出します。**保ち合いは相場の方向感がないときや、トレンドの途中の踊り場のような場面でよく見られます。

そして、**トライアングルにはさまざまな種類があります。**

チャートのような水平方向に対して対称な三角形は「ペナント」もしくは「シンメトリカルトライアングル」と呼びます。買いと売りの圧力が拮抗しており、どちらに向かうか不透明なパターンといえます。ブレイクした方向への値動きが期待できます。

三角形の上辺が水平で、安値が切り上がっていく三角保ち合いは「アセンディング（上昇）トライアングル」と呼びます。高値が張り付いて、安値だけが切り上がっていく形で、一般的には上昇を示唆するチャートパターンです。

三角形の下辺が水平で、高値が切り下がっていく三角保ち合いは「ディセンディング（下降）トライアングル」と呼びます。安値が張り付いて、高値だけが切り下がっていく形で、一般的には下落を示唆するチャートパターンです。

プラスα ▶ **保ち合いをブレイクするローソク足は、出来高をともなって実体が大きいほど、より強い値動きが期待できる。**

パターン**42**　トライアングルの完成

【EUR ／ USD】

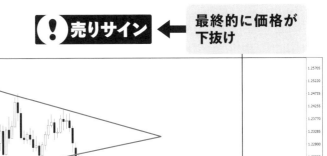

【!】**売りサイン** ← 最終的に価格が 下抜け

日足

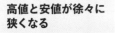

高値と安値が徐々に 狭くなる

「ペナント」は買いと 売りが拮抗して、 どちらに向かうか 不透明な状態だね

プロのアドバイス

三角保ち合いはさまざまな場面で見られる重要なチャートパターン。ブレイクを待ってからエントリーしましょう

トライアングルの派生 ウェッジ

ウェッジは先端に向かって角度のあるトライアングルで、トレンドの途中で出現するチャートパターンです。

ウェッジ＝角度の付いたトライアングル

　ウェッジとは「くさび」を意味する英語で、トライアングル（118ページ参照）の派生形です。先端に向かって角度のあるトライアングルを形成します。**先端に向かって上昇もしくは下落しており、三角保ち合いのチャートパターンの一種です。**

　上昇ウェッジは、通常は下落を示すチャートパターンで、下降トレンドの途中で出現した場合にはトレンドの継続を示します。このチャートパターンが上昇トレンドの途中に出現した場合には、トレンド転換となる可能性を示唆します。

　同様に、下降ウェッジは上昇を示すチャートパターンです。上昇トレンドの途中で出現した場合にはトレンドの継続を示し、下降トレンドの途中で出現した場合にはトレンド転換となる可能性があります。

ウェッジを抜けたタイミングでエントリーを狙う

　トライアングルはブレイクする方向が予想できないのに対して、ウェッジは通常、ブレイクする方向が予想できます。**上昇ウェッジはサポート、下降ウェッジはレジスタンスを抜けたタイミングで順張り方向にエントリーしましょう。**

☑Check!　**ウェッジはトレンドの一時的な踊り場になるが、最終的にはトレンド方向に再び動き出すため、短期間で終わることがほとんど。**

パターン43 ウェッジの完成

【USD ／ JPY】

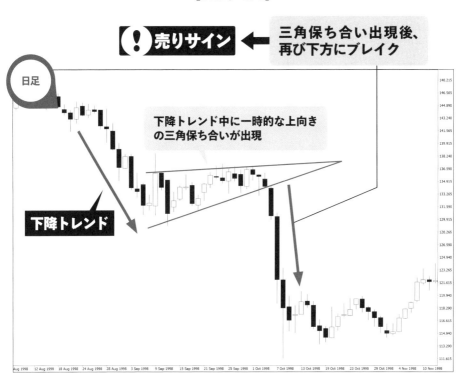

【！】売りサイン ← 三角保ち合い出現後、再び下方にブレイク

下降トレンド中に一時的な上向きの三角保ち合いが出現

日足

下降トレンド

ウェッジはブレイクする方向が予想できるという点が、トライアングルとの大きな違いだよ

プロのアドバイス

ウェッジはトレンドの中盤に現れます。新規でポジションを持つチャンスなので見逃さないようにしましょう

121

トレンド継続を示す
フラッグ

フラッグはトレンド相場の中盤で出現する、保ち合いのチャートパターンです。
通常はトレンドの継続を示唆します。

フラッグはトレンド相場における一時的な調整

「フラッグ」とは、保ち合いのチャートパターンのひとつです。トレンド
方向への値動きの後に一時的な小規模な逆方向への調整が発生し、その形
がフラッグ（旗）のように見えることからこの名前が付いています。

このチャートパターンは、**ポール（旗竿）と呼ばれる急激な価格の動き
の後に形成されるのが特徴で、小さな平行な範囲で価格が逆方向に動きま
す。**

フラッグには強気のフラッグと弱気のフラッグがある

フラッグパターンには、「強気のフラッグ」と「弱気のフラッグ」の2
種類があります。

**強気のフラッグは、価格が上昇する急激な動きの後に形成され、価格の
一時的な下落を示します**が、これは短期的な調整であり、その後に上昇ト
レンドが再開されることを示します。

反対に、弱気のフラッグは価格が急激に下降した後に形成され、価格の
一時的な上昇を示しますが、これも短期的な調整であり、その後に下降ト
レンドが再開されることを示します。

いずれの場合も、トレンドの継続を表すチャートパターンであるといえ
るでしょう。

プラスα　　**ポール（旗竿）の長さはトレンド方向にブレイクした後の値幅の目安と
なるため、利益確定のポイントを決める上で役に立つ。**

パターン44 フラッグの完成

【EUR／USD】

一時的に価格は上昇するが、
下降トレンドが再開 ➡ (!) 売りサイン

1時間足

フラッグポール

下降トレンド

下降トレンド

小さな平行な範囲で
価格がジグザグに
推移しているね

弱気のフラッグ
トレンド方向への勢いが一旦落ち着いた後、新規のショートで保ち合いがブレイクされ、トレンドが継続する

プロのアドバイス

下降トレンド中に高値と安値が同じ値幅で切り上げたら、
下降フラッグの下抜けを狙いましょう。

平行な保ち合い
ボックス

ボックスはレンジ相場でよく見られるチャートパターンです。ブレイクすると一方向に動きやすく、トレンドが継続もしくは反転するきっかけとなります。

ボックスは相場のこう着状態を表す

「ボックス」とは、価格が一定の値幅で上下に動く、相場の横ばい状態を示すチャートパターンです。レンジ相場ということです。ボックス（レンジ）内での取引は、価格がこの範囲の下限（サポート）に近付くと買い、上限（レジスタンス）に近付くと売る戦略が一般的です。

　ボックスでの逆張りは、特に上下の方向性が不明瞭で市場が一定の範囲内で動いているときに有効です。市場がこのボックスレンジから抜け出し、新たなトレンドに入るかどうかを見極めることも、トレーダーにとって重要な戦略のひとつとなります。

ブレイクすると一方向に大きく動きやすい

**　ボックスからのブレイクアウトは、新しいトレンドの始まりを示す強力なシグナルと見なされることが多いです**。そして多くのトレーダーがこの動きに注目して、ポジションを取るきっかけとします。

　価格がボックスの範囲内で動く時間が長ければ長いほど、その上下には多くの注文が集まるため、その後のブレイクアウトはより強力な動きとなります。

用語解説

ブレイクアウト ――――――――― 価格が節目となるラインを突破すること。このタイミングを狙って取引する。ダマシに注意。

【USD ／ JPY】

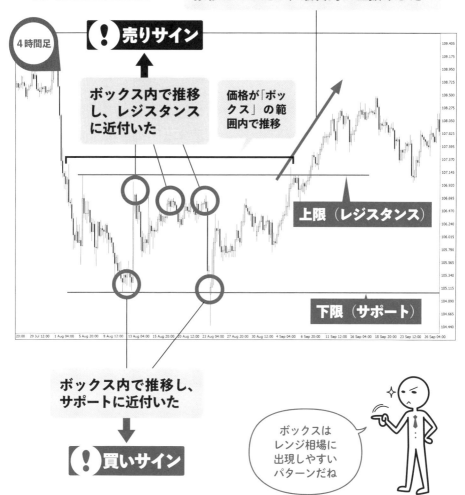

買いサイン ← サポートとレジスタンスの間で価格が
推移していたが、最終的に上抜けした

売りサイン

4時間足

ボックス内で推移
し、レジスタンス
に近付いた

価格が「ボッ
クス」の範
囲内で推移

上限（レジスタンス）

下限（サポート）

ボックス内で推移し、
サポートに近付いた

↓

買いサイン

ボックスは
レンジ相場に
出現しやすい
パターンだね

第**4**章　ダウ理論とチャートパターン

プロのアドバイス

ボックスからのブレイクアウトは、新しいトレンドの始ま
りを示す強力なシグナルと判断できます

キリのよい数字は
意識されやすい

「キリのよい数字」は人間が無意識に注目しやすいため、価格が反発したり勢い
が増すきっかけとなりやすいです。

キリのよい数字は心理的な節目になる

「キリのよい数字」とは、通貨ペアの取引価格で、端数のない数値や目立つ数値のことを指します。「キリ番」ともいいます。

キリのよい数字は市場参加者が注文を出しやすい価格帯なので、大量の新規注文や決済注文が集まるポイントとなります。そのため、価格がこれらのレベルに近づくと、値動きに影響を及ぼすことがあります。

5円刻みや100pipsちょうどの数字に注目

例えば、USD ／ JPY（米ドル円）の場合、キリのよい数字としては100円、105円、110円などの5円刻みの価格や、111円、123円などが挙げられます。EUR ／ USD（ユーロ米ドル）の場合は、1.1000、1.2000、1.2500、1.3000などの0.0100単位の価格が、キリのよい数字と考えられます。

キリのよい数字は、心理的なバリアとしても機能するため、トレーダーはこれらの価格レベルを重要なサポートやレジスタンスと見なすことが多いです。そのため、価格が反発したりブレイクして大きく動くきっかけとなりやすいといえます。

プラスα　**pipsは通貨ペアによって異なり、ドル円では1円＝100pips、ユーロドルでは0.01ドル＝100pipsとなっている。**

パターン46　キリのよい数字で価格が反発する

【USD ／ JPY】

キリのよい数字で
何度も価格が反発 ➡ 【!】買いサイン

日足

100.000円

反発　　反発　　反発

第4章　ダウ理論とチャートパターン

キリのよい数字は
注文を出しやすい
タイミング！

プロのアドバイス

小数点以下も「0」が続くなどキリのよい数字に価格が近付
くと、値動きに影響を及ぼすことがあります

相場が変化する
ブレイクアウト

ブレイクアウトはFXにおいて非常に一般的な取引戦略で、サポートやレジスタンスを価格がブレイクした方向に順張りでエントリーすることです。

ブレイクアウトは順張りで大きな値幅を狙える

ブレイクアウトとは、価格がサポートやレジスタンスを明確に突破することを指します。この現象は、価格が新しい高値や安値に達することを意味し、しばしば相場の方向性が変わる重要なサインとなります。

ブレイクアウトが起こると、新しいトレンドの始まりと見なし、突破した方向にポジションを取ることが一般的です。レジスタンスを上抜くブレイクアウトがあれば買いシグナル、逆にサポートを下抜くブレイクアウトがあれば、売りシグナルと見なされます。

価格がどちらか一方に抜けた後、もとに戻るダマシのブルトラップ、ベアトラップ（価格が一時的にサポートやレジスタンスを突破した後、もとの価格に戻ること）に注意が重要です。

何度も機能したラインほどブレイクアウトで動きやすい

過去に何度もサポートやレジスタンスとして機能した水平線やトレンドラインは、市場参加者の注目が集まり、多くの損切りや新規注文によって価格が動くきっかけとなります。

ブレイクアウト戦略では、ローソク足が力強くラインを抜けることもエントリーの根拠として重要となります。ヒゲをつくって跳ね返された場合は、損切りとなりやすいです。

☑Check! **ブレイクアウト戦略で利益を出すためには、意識される重要なラインを探すことが大切。**

パターン**47** ブレイクアウト戦略の例

【USD ／ JPY】

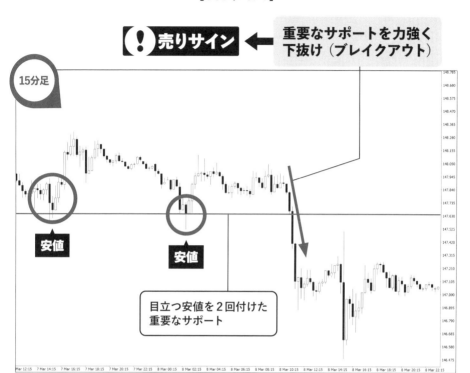

サポートやレジスタンスを
突破した後にもとの
価格に戻る
ダマシには気を付けよう

プロのアドバイス

過去に何度もサポートやレジスタンスとして機能した価格には注目が集まりやすく、相場が動くきっかけとなります

第**4**章 ダウ理論とチャートパターン

129

上昇トレンドの調整
押し目

トレンドフォロー戦略で取引する際に、エントリーの目安となるのが押し目。押し目を探すことで、より有利な位置でエントリーできます。

押し目で買いを入れることで高値掴みを防ぐ

「押し目」とは、上昇トレンドのなかで一時的に価格が下がる局面を指します。「押し安値」ともいいます。この現象は、市場参加者が利益を確定させるために売り注文を出すことで生じることが多く、価格の小さな反落や一時的な調整期間と見なされます。

　押し目は、長期的な上昇トレンドが継続するなかで発生する自然な動きであり、トレーダーにとって新たに買いポジションを入れるよい機会となります。トレンドフォロー戦略で取引する際、エントリーの目安のひとつとなるでしょう。

過去のレジスタンスを利用して押し目を探す

　押し目を利用するトレード戦略では、まず上昇トレンドが存在することを確認します。次に、価格がトレンドとは反対側に一時的に下落している局面を見付けます。**価格が下落してトレンドラインのサポートに達したら、買いのエントリーポイントです。**

　このとき、ローソク足がラインに反応して反発するのを待ってもよいでしょう。押し目からの反発でトレードする際には、価格が予想した方向に動かなかった場合に備えて、損切りの位置を事前に決めておくことも大切です。

☑Check!　**水平線だけでなく、トレンドライン、チャートパターン、移動平均線などのテクニカル指標を利用して押し目を探すこともできる。**

パターン48 押し目買い戦略の例

【USD ／ JPY】

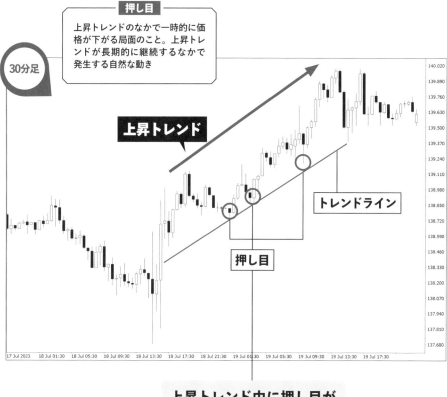

押し目

上昇トレンドのなかで一時的に価格が下がる局面のこと。上昇トレンドが長期的に継続するなかで発生する自然な動き

30分足

上昇トレンド

トレンドライン

押し目

上昇トレンド中に押し目が
発生して、下落した価格が
サポートラインに到達

買いサイン

プロのアドバイス

押し目買いはその後の上昇を狙えますが、想定外の動きに
備えて、損切りの位置も事前に決めておきましょう

第**4**章 ダウ理論とチャートパターン

問題❶──チャートパターンのポイント

Q 反転を示すチャートパターンを探そう①

【GBP／USD】

高値と安値のラインに注目する

　取引を行う際に重要なチャートパターンに関する問題です。

　上のチャートで、チャートパターンを利用して反転のポイントを探してみましょう。

練習

問題❷——チャートパターンのポイント

Q 反転を示すチャートパターンを探そう②

【GBP／USD】

5分足

ローソク足全体の動きを見ることが大切だね

高値や安値を更新できないときは反転のサイン

引き続き、重要なチャートパターンを復習しましょう。上のチャートで、チャートパターンを利用して反転のポイントを探してみてください。

反転のタイミングには典型的なチャートパターンが出現することがあるため、ローソク足チャート全体の形状にも注意を払う必要があります。

練習

解答❶──チャートパターンのポイント

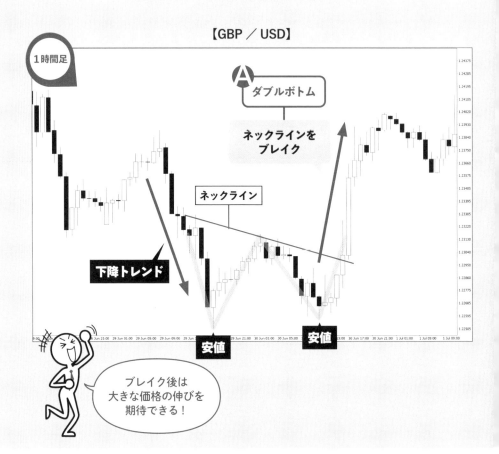

【GBP／USD】

1時間足

ダブルボトム

ネックラインを
ブレイク

ネックライン

下降トレンド

安値

安値

ブレイク後は
大きな価格の伸びを
期待できる！

ダブルトップ・ダブルボトムは頻出の反転パターン

　同じ高値付近を2回付けた後にネックラインをブレイクするのが「ダブルトップ」、下降トレンド中に同じ安値付近を2回付けた後にネックラインをブレイクするのが「ダブルボトム」です。ブレイクした後は、ネックラインから高値（安値）の値幅と同程度の価格の伸びを期待できます。同時に、過去の目立つ高値や安値も利益確定の参考にします。

　どちらも非常によく見られるチャートパターンなので必ず押さえましょう。

練習

解答❷——チャートパターンのポイント

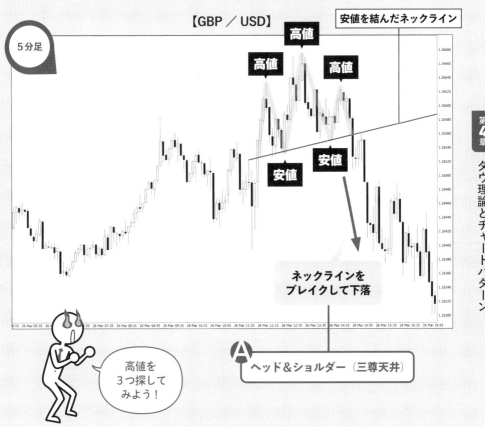

【GBP／USD】

5分足

安値を結んだネックライン

高値

高値　高値

安値　安値

ネックラインを
ブレイクして下落

高値を
3つ探して
みよう！

Ａ　ヘッド＆ショルダー（三尊天井）

第4章　ダウ理論とチャートパターン

ヘッド＆ショルダーズはダブルトップと並ぶ重要パターン

　ヘッド＆ショルダーズは三尊天井とも呼ばれるチャートパターンで、上昇トレンド中に3つの高値を付けてからその間にある安値を結んだネックラインをブレイクして下落します。

　中央の目立つ高値と、その左右の小さな高値が特徴です。

　目立つ高値からネックラインまでの値幅が利幅の目安です。下降トレンド中ではインバースヘッド＆ショルダーズ（逆三尊）と呼ばれます。

135

トレードによる為替差益（キャピタルゲイン）

　FXのトレードによる利益は、大きく分けて2つあります。

　ひとつは、為替差益（キャピタルゲイン）で、これがメインです。トレードでは買い値と売り値の差が出ますが、その差がプラスになれば利益、マイナスになれば損失となります。1ドルを100円で買い、110円で売れば利益に、90円で売れば損失になります。また、FXでは外貨を売ることも可能です。1ドルを100円で売り、90円で買い戻せば利益に、110円で買い戻せば損失となります。売り値と買い戻し値の差です。

　FXで儲けるためにまず目指すべきは、この為替差益でしょう。どの通貨ペアを売買すれば利益が出るのか、それぞれの為替レートをよく見たうえでトレードしましょう。

ポジション保有で発生する金利差（インカムゲイン）

　そして、もうひとつの利益が金利差（インカムゲイン）です。インカムゲインは「保有しているだけで得られるお金」を指します。

　FXではトレードしたポジション（ある価格で売買し所持している決済前の通貨ペア）を翌日以降に持ち越す場合、通貨ペアの2国間の金利差が付与されます。これをスワップ金利といいます。金利の高い通貨を買い、金利の低い通貨を売ると、この金利差益を受け取ることができるのです。このため、金利が比較的高いとされる新興国の通貨を利用してスワップ金利益を狙うトレード手法もあります。

　ただし、このスワップ金利を狙うトレードには注意が必要です。金利の低い通貨を買い、金利の高い通貨を売るトレードでは、反対に金利差を支払う必要があり、金利差損になります。はじめは、価格変動リスクを認識したうえで、金利差を目的とするトレード方法もある、くらいの認識でいたほうがよいでしょう。

値動き分析

ローソク足と
移動平均線

「移動平均線」は最もよく使われるテクニカル指標です。移動平均線から読み取れることや、移動平均線を用いることで判断できる売買ポイントを知っておきましょう。

Keywords

● 移動平均線

● グランビルの法則

● 2本の移動平均線

● 3本の移動平均線

● かい離率

● トレンド

価格の平均を示す 移動平均線

ある一定期間の価格を平均化して表示したものが「移動平均線」です。移動平均線はFXでは最もメジャーなテクニカル指標です。

価格を過去の一定期間で平均したもの

移動平均線は、過去の一定期間の価格平均を連ねて表示した線で、相場のトレンドを視覚的に把握できます。最もメジャーなテクニカル指標のひとつで、FXだけでなく株式や先物などでも広く使われています。

例えば期間5の移動平均線の場合、1本前から5本前までのローソク足の終値をすべて足した上で、5で割り算した値をチャート上に表示することを繰り返します。日足であれば直近の5日間、1時間足であれば直近の5時間の終値を平均化したものです。

移動平均線は価格の上下によるノイズを除去して、値動きの方向性をより明確に示してくれるので、トレンドの有無、方向、強さを判断するのに役立ちます。

移動平均線の傾きは相場の大きな方向を示す

移動平均線は値動きを反映しますから、上昇トレンドでは右肩上がり、下降トレンドでは右肩下がりとなります。一方で、価格が横ばいに動くレンジ相場では水平に近くなります。

価格の勢いが強ければ強いほど、移動平均線の傾きも大きくなるため、移動平均線の角度の大きさからトレンドの強さを判断できます。

☑Check! **移動平均線は多くの市場参加者が利用しているテクニカル指標で、強く意識されているため、しくみや使い方をマスターしておく必要がある。**

パターン49 移動平均線を利用した価格分析

【USD ／ JPY】

買いサイン ← 移動平均線の傾きが右肩下がり
から右肩上がりに変化

4時間足

移動平均線

相場の動きを
視覚的に
捉えられるね！

移動平均線の
傾きの大きさは
トレンドの強さを
表すよ

第5章 ローソク足と移動平均線

プロのアドバイス

移動平均線は価格の方向性をより明確に示すので、トレンドの判断に大いに役立ちます

移動平均線を使って相場を判断する

移動平均線は売買の勢いを表すため、トレンドの有無がわかります。ほかの分析手法と組み合わせると、より正確なトレンド判断が可能です。

移動平均線の向きからトレンドを判断する

移動平均線を使ってトレンドとレンジを判断するには、その傾きと値動きに注目します。

移動平均線が上向きになっているときは上昇トレンドにあることを示し、下向きの場合は下降トレンドを示しています。トレンド相場では高値や安値を更新し続けるため、価格は移動平均線の上下どちらかに長期間とどまることが普通です。

一方、移動平均線がほぼ横ばいで、価格がその上下に振れている場合はレンジ相場、つまり方向感がない状態にあると判断できます。このとき、価格が移動平均線を何度も越える動きがよく見られます。

ほかの分析手法と組み合わせることで精度が上がる

移動平均線による分析は非常に便利ですが、ダマシやシグナルの遅れに惑わされないように注意が必要です。移動平均線だけではなく**ほかのテクニカル指標や値動き分析も組み合わせて使うことで、より信頼性の高い分析結果を得られます。**

移動平均線は過去の価格変動を平均化したものにすぎないため、未来の価格を予測する際には、その限界を理解しておくことが大切です。

☑Check! 　**価格が大きく変動するほど、それに伴って移動平均線の角度も大きくなる。移動平均線の傾きの大きさから、トレンドの強さを判断できる。**

パターン50 移動平均線によるトレンド分析

【USD ／ JPY】

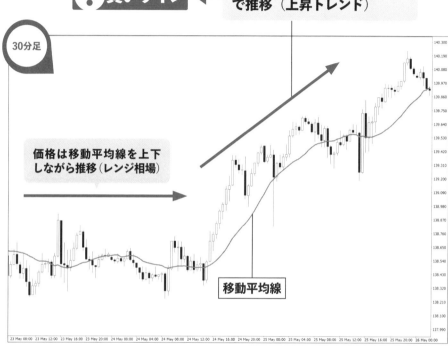

買いサイン ← 価格は主に移動平均線の上側
で推移（上昇トレンド）

30分足

価格は移動平均線を上下
しながら推移（レンジ相場）

移動平均線

23 May 08:00　23 May 12:00　23 May 16:00　23 May 20:00　24 May 00:00　24 May 04:00　24 May 08:00　24 May 12:00　24 May 16:00　24 May 20:00　25 May 00:00　25 May 04:00　25 May 08:00　25 May 12:00　25 May 16:00　25 May 20:00　26 May 00:00

第5章 ローソク足と移動平均線

反対に、移動平均線が
下向きになっている
ときは下降トレンドを
示しているよ

プロのアドバイス

ダマシなどに惑わされないために、ほかのテクニカル指標
や高値安値と組み合わせて使いましょう

移動平均線を活用した サポート・レジスタンス

移動平均線はトレンドの方向や強さを見るだけでなく、サポートやレジスタンスとして売買の目安に利用できます。

移動平均線は重要な価格帯を示すことがある

　価格が移動平均線に近付くと、市場参加者は移動平均線をサポートまたはレジスタンスと認識して売買を行う傾向があります。

　上昇トレンド中に価格が一時的に下落して上から移動平均線に近付くと、移動平均線がサポートとして機能するため買いエントリーの目安となります。反対に、下降トレンドで価格が一時的に上昇して移動平均線に下から近付くと、レジスタンスとして機能するため売りエントリーの目安です。

　また、移動平均線は価格の動きをなめらかにしてトレンドの方向性を示すため、価格の大きな流れを把握するのに役立ちます。この流れが変わる場所、つまり価格が移動平均線を突破する付近は、トレンド転換の可能性があるため、注目すべきポイントです。

　とりわけ、価格が長期間にわたって移動平均線の上下どちらかで推移した後、大陽線や大陰線で移動平均線を力強くブレイクアウトしたときは、相場の転換点としてとらえられることが多いです。

☑Check! 　**通貨ペアや時間足によって適した移動平均線の期間は異なるため、状況に応じたパラメーターを設定して使うようにする。**

パターン**51** 移動平均線をサポート・レジスタンスに利用

【USD ／ JPY】

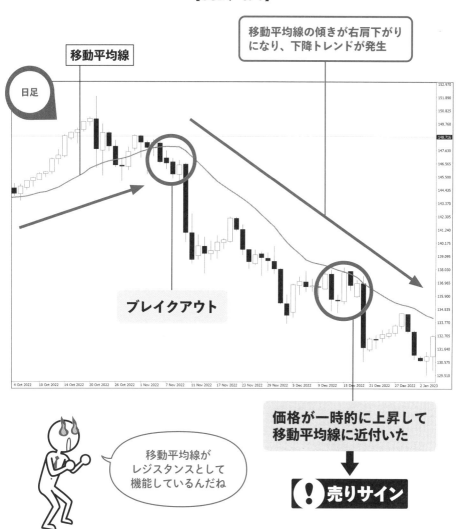

移動平均線の傾きが右肩下がり
になり、下降トレンドが発生

移動平均線

日足

ブレイクアウト

第5章 ローソク足と移動平均線

価格が一時的に上昇して
移動平均線に近付いた

⬇

(!) 売りサイン

移動平均線が
レジスタンスとして
機能しているんだね

プロのアドバイス

価格が移動平均線を突破するとき、トレンドが転換する可
能性があります。相場の動きに注目しましょう

移動平均線の種類とパラメーター

移動平均線にはさまざまな種類があり、計算方法や期間によって振る舞いが大きく変わります。特性を理解した上で、用途に応じて使い分けましょう。

計算する期間が長くなるほど動きは緩やかになる

移動平均線にはいくつかの代表的な種類があり、それぞれで計算方法が異なります。

最もよく使われる単純移動平均線（SMA）は、指定された期間にわたる価格の単純な平均を取ることによって計算されます。移動平均線といえば、基本的にSMAのことを指すと考えてよいでしょう。

一方で、指数平滑移動平均線（EMA）や加重移動平均線（WMA）は、直近の価格により大きな重みを置くことで計算されます。価格データの最新の変動が移動平均線に与える影響が大きくなるため、値動きに対してより敏感に反応するように計算しています。EMAは、特に短期のトレード戦略において、価格の動きを捉えるのに役立ちます。

短期の移動平均線はダマシに注意

移動平均線は、計算する期間（変数）を自分で設定できます。**移動平均線の期間が短いほど直近の値動きに素早く反応するため、より価格動向を敏感に反映しますが、同時にダマシも多くなります**。期間を長くするほど、より長期の価格動向を表すため、長期的な方向感やトレンドをとらえやすくなりますが、シグナルが出るのが遅くなりやすい点に注意が必要です。

☑Check!　　指数平滑移動平均線（EMA）や加重移動平均線（WMA）は、より直近の価格に対して敏感に反応するため、トレンドの変化を素早く捉えられる。

パターン**52** 移動平均線の種類による違い

【USD ／ JPY】

日足

加重移動平均線（WMA）

指数平滑移動平均線（EMA）

単純移動平均線（SMA）

EMAやWMAは
SMAよりも価格への
追従性が高いため、
より速く反応するよ

一般的に「移動平均線」と呼ばれるもの

パターン**53** 移動平均線の期間による違い

【USD ／ JPY】

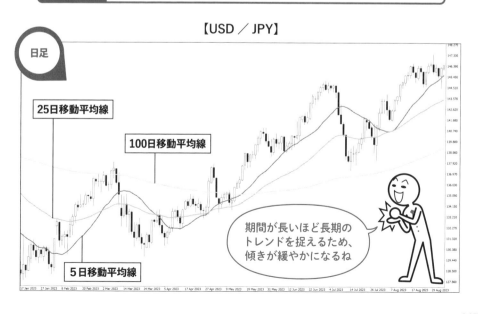

日足

25日移動平均線

100日移動平均線

5日移動平均線

期間が長いほど長期の
トレンドを捉えるため、
傾きが緩やかになるね

グランビルの法則の 8つの売買パターン

グランビルの法則を使えば、価格と移動平均線の位置関係から売買のパターンを導くことができます。

移動平均線と価格の関係性の法則

　グランビルの法則は、ジョセフ・グランビルが考案したテクニカル分析です。グランビルの法則では価格と移動平均線の関係が重要なポイントとされるため、移動平均線を利用して具体的な売買のポイントを探すうえで役立ちます。

　強いトレンドが発生すると、価格は短期的に移動平均線から離れていきますが、長期的には移動平均線の近くまで戻ってきます。そして再び大きな値動きが発生すると移動平均線から離れていく、といった動きを繰り返します。こうした**移動平均線と価格の関係性に着目して、売買に有利なポイントをまとめたものが、「グランビルの法則」**です。

買いと売りで8つの法則がある

　グランビルの法則には、買いと売りでそれぞれ4つずつ、合計で8つの売買のポイントが存在します。右の図では、その売買ポイントをまとめています。それぞれの売買ポイントを理解したうえで、トレードに役立てましょう。

　もちろん、実際の相場では常にグランビルの法則どおりに価格が動くわけではないので、その他の分析手法やテクニカル指標を組み合わせることが大切です。

☑Check! **移動平均線はトレンドの序盤では順張り、トレンドの終盤やレンジ相場では逆張りの指標として利用できる。**

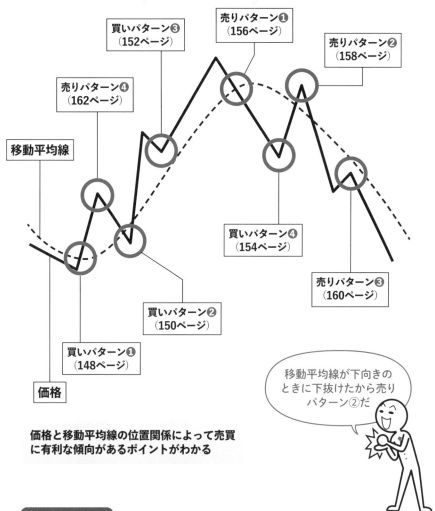

グランビルの法則には、「買いパターン」
と「売りパターン」が4つずつある

売りパターン❶
（156ページ）

買いパターン❸
（152ページ）

売りパターン❷
（158ページ）

売りパターン❹
（162ページ）

移動平均線

買いパターン❹
（154ページ）

買いパターン❷
（150ページ）

売りパターン❸
（160ページ）

買いパターン❶
（148ページ）

価格

移動平均線が下向きの
ときに下抜けたから売り
パターン②だ

価格と移動平均線の位置関係によって売買
に有利な傾向があるポイントがわかる

第5章 ローソク足と移動平均線

プロのアドバイス

売買パターンが毎回綺麗に順番通りに出現するわけではな
いので、それぞれの特徴をしっかりと把握しましょう

グランビルの法則の
買いパターン①

トレンドの転換点では、価格が移動平均線を上に抜けると大きな値動きが期待できるため、順張りの目安となります。

下降トレンドから上昇トレンドへの転換点を狙う

　ここからはグランビルの法則をひとつずつ見ていきましょう。1つ目の買いの法則は、「横ばいまたは上を向きつつある移動平均線を、価格が上に抜けた場合」です。**下降トレンドから上昇トレンドに転換する最初のポイントを狙います。**

　下降トレンド中は、移動平均線が右肩下がりになり、価格は移動平均線よりも下側で推移します。しかしトレンドの終盤となって下落の勢いが弱まると、価格が底打ちして横ばいになり、それに伴って移動平均線も平坦となるため、移動平均線と価格の距離が近づきます。

　このような状況で価格が上昇すれば、移動平均線を上抜け、トレンド転換となって大きな反発が期待できます。移動平均線を利用して、こうしたチャンスをいち早く狙うというわけです。

反転を示すチャートパターンと組み合わせる

　ただ単に価格が移動平均線を上に抜けるタイミングだけでなく、**ダブルボトムやインバースヘッド＆ショルダーズなどの相場の反転を示すチャートパターンと組み合わせたり、トレンドラインや水平線のブレイクアウトのようなほかのテクニカル分析と組み合わせると、より高い精度で取引できます。**

☑Check!　**レンジ相場における移動平均線のブレイクアウトはダマシになりやすい。トレンドが発生しており、徐々に勢いが弱まるタイミングを探そう。**

【GBP ／ USD】

買いサイン ← 移動平均線が横ばいになり、価格が移動平均線を上抜け

5分足

買いパターン①

横ばいまたは上を向きつつ
ある移動平均線を、価格が
上に抜けた場合

移動平均線

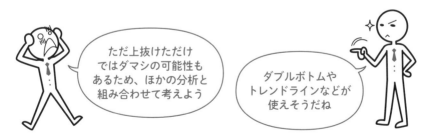

ただ上抜けただけ
ではダマシの可能性も
あるため、ほかの分析と
組み合わせて考えよう

ダブルボトムや
トレンドラインなどが
使えそうだね

プロのアドバイス

横ばいの移動平均線はレンジ相場の証。レンジ相場での価格の変化はトレンド転換の可能性があります

グランビルの法則の 買いパターン②

上昇トレンドの発生中は、価格が移動平均線を下回ったタイミングで押し目買いを狙えます。

トレンドの継続中は、移動平均線で価格が反発しやすい

2つ目の買いの法則は、「移動平均線が上向きで、価格が一時的に移動平均線を下回ったとき」です。**上昇トレンド中の押し目を狙ってエントリーします。** 上昇トレンドの発生中は、価格が移動平均線よりも上側で推移しますが、大きく上昇したタイミングで買うと高値掴みになる危険性があります。そこで、より有利な価格でポジションを持つために、移動平均線を利用して押し目を探す方法です。

この法則を利用してトレードする場合には、すでに価格がしっかり上昇している、高値安値を切り上げている、移動平均線の傾き、などで上昇トレンドが明確であることを忘れずに確認しましょう。

ローソク足の形状もあわせて確認する

価格が移動平均線の下に抜けると、そのまま大きく下落してトレンド転換となる可能性もあります。**上昇トレンドの継続を確認するために、ローソク足の形状もあわせて見ておきましょう。**

☑Check! **ローソク足が実体を伴って移動平均線を大きく下回った場合は、トレンド転換の可能性があるためエントリーを見送ったほうが無難。**

パターン**56** グランビルの買いパターン②の例

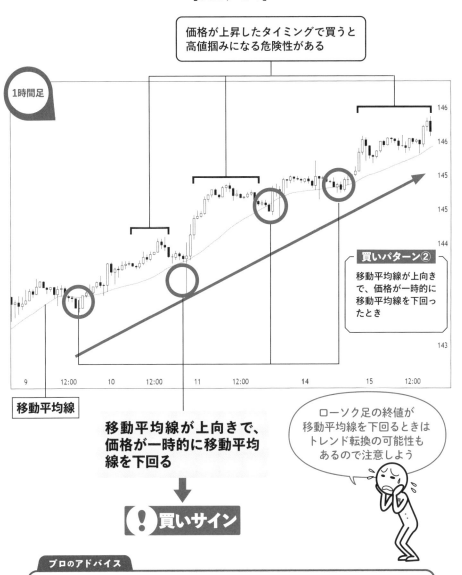

【USD ／ JPY】

価格が上昇したタイミングで買うと
高値掴みになる危険性がある

1時間足

買いパターン②

移動平均線が上向き
で、価格が一時的に
移動平均線を下回っ
たとき

移動平均線

**移動平均線が上向きで、
価格が一時的に移動平均
線を下回る**

➡

（！）買いサイン

ローソク足の終値が
移動平均線を下回るときは
トレンド転換の可能性も
あるので注意しよう

プロのアドバイス

**上昇トレンドが明確であることを確認したうえで、トレン
ド中の押し目を狙ってエントリーしましょう**

第5章 ローソク足と移動平均線

グランビルの法則の
買いパターン③

トレンド終盤にかけての伸びを狙うパターンです。トレンドの継続を見極めるもので、特に買い増しを行う場合に有効です。

「買い増し」のポイントとして活用できる

　3つ目の買いの法則は、「移動平均線が上向きで、価格が移動平均線の近くまで下落するものの、下抜けることなく再度上昇するとき」です。2つ目の法則（150ページ参照）と同じく、トレンド継続中の押し目買いを狙いますが、移動平均線を下に抜けているかどうかの違いがあります。売りの圧力が弱いため、上昇トレンドの中盤～終盤にかけての大きな上昇につながりやすいです。

　グランビルの買いの法則①～③は、順張りでエントリーする具体的な根拠を示したものです。

　トレンドの初動は買いパターン①、次にトレンドの継続を狙うパターン②、そしてトレンドの最後の伸びをとらえる買い増しに適したパターン③という順番になっています。

水平線やトレンドラインも併用する

　移動平均線を下抜けしない段階で買っていくのは難しいと感じる人もいるかもしれません。パターン②と同様に**ローソク足の形状で反発を確認したり、水平線やトレンドラインを併用してエントリーの材料を補強すると**よいでしょう。

☑Check! 　**移動平均線は利確や損切りにも利用できる。上昇トレンド中に価格が移動平均線を下に抜けた場合、トレンド終了と考えて決済の目安となる。**

【USD ／ JPY】

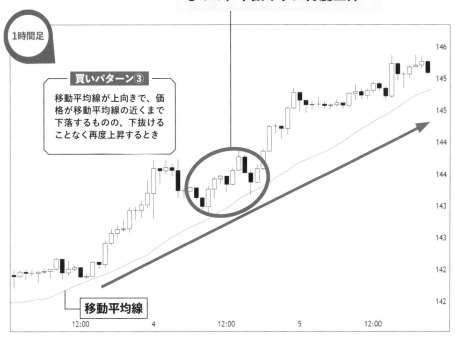

買いサイン ← 移動平均線が上向きで、価格が移動平均線の近くまで下落するものの、下抜けずに再度上昇

1時間足

買いパターン③
移動平均線が上向きで、価格が移動平均線の近くまで下落するものの、下抜けることなく再度上昇するとき

移動平均線

第5章 ローソク足と移動平均線

下抜けしないということは、売りの圧力が弱いといえるね

上昇トレンドの中盤〜終盤にかけての大きな上昇につながりやすい！

プロのアドバイス

買いパターン③を使うと、トレンドの最後の伸びを捉える買い増しに対応することができます

グランビルの法則の
買いパターン④

価格が移動平均線から大きく離れて売られすぎたとき、価格の移動平均線への
回帰を狙って買う「逆張り」の戦略です。

移動平均線への回帰を狙う逆張りの戦略

　４つ目の買いの法則は、「移動平均線を大きく割り込んで売られすぎた
とき」です。一時的な価格の行きすぎを狙って、逆張りをしかけます。

　価格が移動平均線よりも上にあるときを上昇トレンドと考えるならば、
買いパターン①～③までがトレンド方向への順張りを狙うのに対して、**買
いパターン④はトレンドに対して逆張りする唯一の戦略です。**

　エントリーの際は、現在の価格が移動平均線から十分に離れていること
を確認しましょう。直前まで価格は移動平均線よりも上、もしくは移動平
均線のまわりでおおむね横ばいに推移しており、あくまでも一時的な下落
にとどまりそうな場合に特に有効です。

価格が移動平均線まで戻ったら決済の目安

　パターン④は逆張りでエントリーするため、トレンド方向への大きな上
昇は期待できません。そのため、比較的短期間での利益確定や損切りを行
い、ポジションを長く保有しすぎないように注意しましょう。

　具体的には、**価格が再び移動平均線にタッチしたら利益確定の目安です。**
価格が下げ止まらずに下降トレンドが進行する可能性も考えて、直近の高
値安値やチャートパターンを加味して損切りの場所もあらかじめ決めてお
きましょう。

☑Check!　**トレードの基本はトレンドフォローの順張り。逆張りは相場の大きな流
れに逆らうことになるため、エントリーや決済はより慎重に行う。**

【EUR／USD】

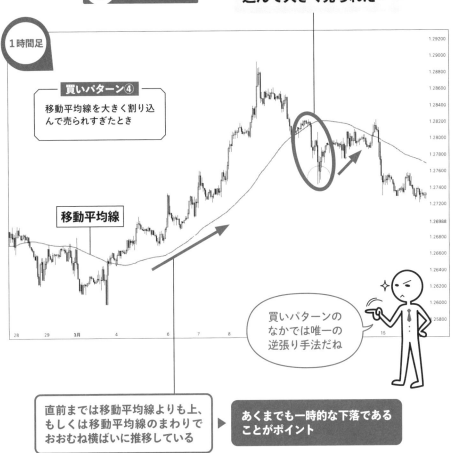

買いサイン ← 価格が移動平均線を割り込んで大きく売られた

1時間足

買いパターン④
移動平均線を大きく割り込んで売られすぎたとき

移動平均線

買いパターンのなかでは唯一の逆張り手法だね

直前までは移動平均線よりも上、もしくは移動平均線のまわりでおおむね横ばいに推移している ▶ あくまでも一時的な下落であることがポイント

プロのアドバイス

逆張りはトレンド方向への大きな価格の伸びは期待できないため、比較的短期間で利益確定や損切りを行いましょう

第5章 ローソク足と移動平均線

グランビルの法則の
売りパターン①

移動平均線と価格の位置関係から、トレンドの転換点を発見して新規での売り
エントリーや、買いポジションの利益確定ができます。

買いポジションを利益確定するサイン

続いては売りに関する4つの法則を解説します。1つ目の売りの法則は、
「横ばいまたは下を向きつつある移動平均線を、価格が下に抜けた場合」
です。買いパターン①（148ページ参照）を上下逆にしたもので、**上昇ト
レンドから下降トレンドに転換する最初のポイントを狙います。**

上昇トレンドの勢いが弱まって価格が横ばいになり、価格が移動平均線
の上にとどまることができなくなった状況です。すでに上昇トレンド中に
買いポジションを持っている場合は、トレンド転換の合図となるため利益
確定の目安となります。

売りエントリーの目安としても使える

買いパターンと同様に、新規でポジションを持つポイントとしても有用
です。**下降トレンドへの転換点を狙う場合には、それまでに上昇トレンド
が十分な期間続いており、価格が移動平均線の上を推移していたことを確
認しましょう。**

ただし、単なる押し目となって、再度上昇トレンドが継続するケースも
考えられるため、サポートやレジスタンスを確認して安値をしっかり割り
込んでからエントリーしたり、ローソク足が力強く移動平均線を下抜けた
かどうかを注視します。

☑ Check! **価格が移動平均線を大きく下抜いたときは、すぐにエントリーすると損
切りの位置が深くなりやすい。**

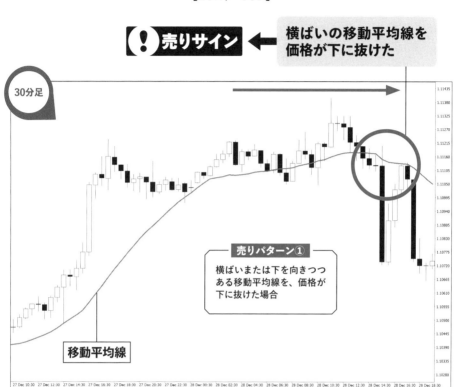

パターン59　グランビルの売りパターン①の例

【EUR ／ USD】

売りサイン ← 横ばいの移動平均線を
価格が下に抜けた

30分足

売りパターン①

横ばいまたは下を向きつつ
ある移動平均線を、価格が
下に抜けた場合

移動平均線

買いパターン①
（148ページ参照）と同様、
トレンド転換の最初の
ポイントを狙う手法だね

プロのアドバイス

すでに上昇トレンド中に買いポジションを持っている場合
は、利益確定の目安として機能します

第5章　ローソク足と移動平均線

157

グランビルの法則の
売りパターン②

下降トレンド中の一時的な上昇を狙って、有利な価格での戻り売りを狙います。
買い同様、ローソク足の形に着目します。

下降トレンド中の一時的な戻りを狙う

　２つ目の売りの法則は、「移動平均線が下向きで、価格が一時的に移動平均線を上回ったとき」です。下降トレンド中の戻りを狙ってエントリーします。

　下降トレンドの発生中は移動平均線が右肩下がりとなり、価格が移動平均線よりも下側で推移します。価格が大きく下落したところで売ると、安値売りとなってしまうため、より有利な価格でのエントリーを狙うために有効な戦略です。

　買いエントリーのときと同様に、**価格が移動平均線で反発したことを確認するために、ローソク足の形にも注目しましょう。**ヒゲをつくって反発したり、実体をともなって再度下落したことを確認すると、より手堅いエントリーとなります。

トレンドが転換した場合の損切りも考えておく

　価格が移動平均線を上抜いて、そのまま上昇し続ける可能性についても考えておきます。**明確に上昇トレンドに転換した場合に、損切りするポイントもあらかじめ決めておきましょう。**直近のチャートのサポートやレジスタンスを参考にするのが一般的です。

用語解説

戻り売り 　　　　　下降トレンド中の一時的な価格の反発（＝戻り）を狙って売りを仕掛けること。
上昇トレンド中の「押し目買い」に対応する言葉。

【EUR ／ USD】

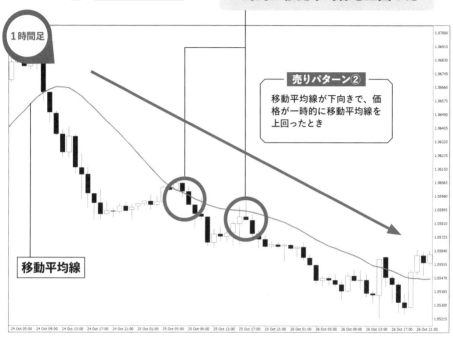

【!】**売りサイン** ← 移動平均線が下向きで、価格が一時的に移動平均線を上回った

1時間足

売りパターン②

移動平均線が下向きで、価格が一時的に移動平均線を上回ったとき

移動平均線

移動平均線を上抜いて、そのまま上昇する可能性もあるね

上昇トレンドに転換した場合の損切りするポイントもあらかじめ決めておこう

プロのアドバイス

下降トレンド中の戻りを狙ってエントリーしましょう。安値売りを避けることにもつながります

グランビルの法則の
売りパターン③

引き続き戻り売りを狙う手法です。下降トレンドの中盤〜終盤にかけて売り圧力が加速するポイントでエントリーします。

下降トレンド終盤での売り増しポイント

　３つ目の売りの法則は、「移動平均線が下向きで、価格が移動平均線の近くまで上昇するものの、上抜けることなく再度下落するとき」です。

　売りパターン②と同様に戻り売りを狙うパターンですが、価格が移動平均線を上抜ける前にしかける点が異なります。**価格が大きく反発する前にエントリーするため、売りの勢いが強い下降トレンドの中盤〜終盤にかけてポジションを追加する際に有用です。**

　移動平均線よりも下側でエントリーするので、ローソク足の形状や直近のレジスタンスなど、移動平均線以外にも根拠となるチャート分析を加味することで取引の精度が上がります。

移動平均線の角度にも注目する

　売りの勢いが強いタイミングを狙ってエントリーするため、**移動平均線がしっかりと角度を付けて右肩下がりとなっており、下降トレンドがはっきり見てとれることが重要です。**

　移動平均線が横ばいだったり、角度が浅いときはトレンドの勢いが弱まっているため、価格に方向感がなく大きな下落を期待できない可能性があります。

用語解説
戻り高値　　　　　下降トレンド中の一時的な反発によりつくられる高値のこと。高値掴みした投資家の損切りポイントとなるため、チャート上の重要な節目となる。

パターン61 グランビルの売りパターン③の例

【USD ／ JPY】

売りサイン ← 移動平均線が下向きで、価格が移動平均線の近くまで上昇するものの、上抜けることなく再度下落

15分足

売りパターン③

移動平均線が下向きで、価格が移動平均線の近くまで上昇するものの、上抜けることなく再度下落するとき

移動平均線

第5章

ローソク足と移動平均線

価格が移動平均線を
上抜ける前に
エントリーしよう

プロのアドバイス

移動平均線の角度が浅い場合はトレンドの勢いが弱まっているため、大きな下落を期待できない可能性があります

グランビルの法則の
売りパターン④

価格が移動平均線から大きくかい離する、一時的な買われすぎを狙って逆張り
します。買いポジションの利益確定にも活用できます。

移動平均線から大きくかい離した一時的な上昇を叩く

　4つ目の売りの法則は、「移動平均線を大きく上回って買われすぎたと
き」です。一時的な買われすぎを狙って、逆張りの売りをしかけます。

　買いパターン④のときと同様、価格と移動平均線との距離が大きなポイ
ントです。単に上昇したときに売ると上昇トレンドの継続によって含み損
になりかねないため、それまでの水準に対して大きく上放れしたタイミン
グを探すことが大切です。**レンジもしくは下降トレンドの途中の急激な上
昇や、短期では逆張りでも上位足では順張りとなる状況が理想的です。**

　なお、逆張りは思惑が外れた場合に損失が膨らみやすいため、損切りの
設定も重要になります。直近で目安となるような水平線やチャネルを参考
にしましょう。

買いポジションの利益確定のタイミングにも応用できる

　トレンドフォロー戦略で順張り方向に利益が大きく伸びたものの、その
後は値動きの勢いが弱まって利益がしぼんでしまうケースも少なくありま
せん。**移動平均線に対して大きく価格がかい離した場合は、含み益のポジ
ションの一部もしくは全部を決済するサインとしても活用できます。**

　その後トレンドが続伸した場合は、移動平均線まで引き付けてから再度
エントリーするとよいでしょう。

プラスα 「価格が移動平均線から1％以上離れたとき」のようにルール化すると、
移動平均かい離率をエントリーや利確の目安に使うこともできる。

【USD／JPY】

【！】売りサイン ← 価格が移動平均線を大きく
上回って買われすぎている

15分足

売りパターン④

移動平均線を大きく上回っ
て買われすぎたとき

移動平均線

それまでの水準に対して大きく
上放れしたタイミングを探す

→ レンジ相場での急激な上昇は
理想的な状況のひとつ

第5章
ローソク足と移動平均線

プロのアドバイス

逆張りは損失が膨らみやすいため、損切りも重要。直近で
目安となるような水平線やチャネルを参考にしましょう

ゴールデンクロスと
デッドクロス

短期と長期の2本の移動平均線が交差するポイントをエントリーや決済の目安とする分析方法です。相場の大きなトレンドを掴むのに役立ちます。

ゴールデンクロスは買い・デッドクロスは売りを示唆

ゴールデンクロスとデッドクロスは、2本の移動平均線を使った最も一般的なトレンド分析やエントリー方法です。

ゴールデンクロスは、短期の移動平均線が長期の移動平均線を上抜けるときに発生します。上昇トレンドの発生と見なされ、買いのシグナルとして機能します。

デッドクロスはその逆の現象で、短期の移動平均線が長期の移動平均線を下抜けるときに発生します。下降トレンドの発生と見なされ、売りのシグナルとして機能します。

レンジ相場ではダマシも多い点に注意

移動平均線のクロス手法は、相場の大きな流れをとらえるのに適しています。**とりわけ長く持続する強いトレンド相場では大きな利益を上げることが可能です。**

しかし、方向感に乏しいレンジ相場では、短期と長期の移動平均線が何度も交差してしまい、ダマシのシグナルが多くなります。移動平均線は価格に遅れて反応するため、エントリーや決済が遅くなる傾向があります。高値掴みや安値売りにならないように注意が必要です。

☑Check! 短期と長期の移動平均線の期間は設定によって異なる。短い期間の移動平均線ほど値動きに素早く反応するが、ダマシのシグナルも増える。

パターン63 ゴールデンクロスの例

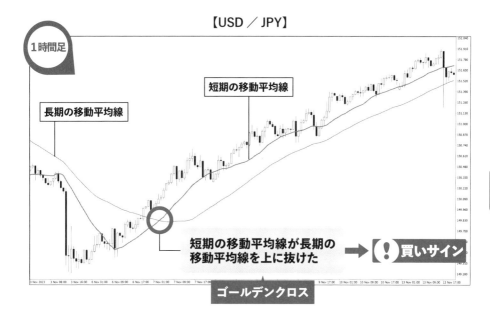

【USD ／ JPY】

1時間足

長期の移動平均線

短期の移動平均線

短期の移動平均線が長期の
移動平均線を上に抜けた → ⚠ 買いサイン

ゴールデンクロス

パターン64 デッドクロスの例

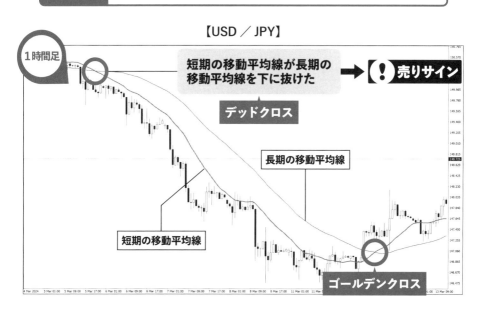

【USD ／ JPY】

1時間足

短期の移動平均線が長期の
移動平均線を下に抜けた → ⚠ 売りサイン

デッドクロス

長期の移動平均線

短期の移動平均線

ゴールデンクロス

第**5**章　ローソク足と移動平均線

165

複数のサインが
重なるポイントを探す

移動平均線のクロスにグランビルの法則が重なるポイントを探すことで、より
精度の高いエントリーを実現できます。

複数のサインで根拠を確認してダマシを減らす

どのような分析手法やテクニカル指標にもダマシはつきものですが、複
数のサインを併用することでエントリーの精度を上げることができます。

右の図では、短期と長期の2本の移動平均線を表示しています。チャー
ト中央部分でゴールデンクロスが発生しており、同時にグランビルの買い
パターン①の「価格が移動平均線を上抜け」する現象が起こっています。

このように、**複数のサインが同じエントリー方向を示すときは、普段よ
りもエントリーの精度が高くなり、ダマシを減らすことができると考えら
れます。**

水平線やトレンドラインをテクニカル指標と組み合わせる

上記の例はあくまでも移動平均線を利用したチャート分析の組み合わせ
ですが、そのほかにも**サポートやレジスタンスとして機能する水平線やト
レンドラインを、移動平均線などのテクニカル指標と組み合わせて使うこ
とも可能です。**

例えば右の図では、前回の高値に水平線を引くと、その後のサポートと
して機能していることがわかります。さらにグランビルの買いパターン②
である「移動平均線が上向きで、価格が移動平均線を一時的に下回ったと
き」を組み合わせることもできそうです。

☑Check!　**複数のサインが重なると、多くの市場参加者に注目されて価格が動きや
すくなる。メジャーなテクニカル指標ほど価格に与える影響は大きい。**

パターン65 複数のサインが重なるポイントの例

【USD ／ JPY】

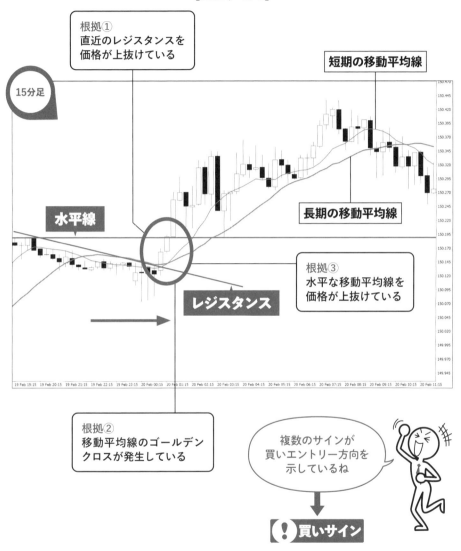

根拠①
直近のレジスタンスを
価格が上抜けている

短期の移動平均線

15分足

水平線

長期の移動平均線

根拠③
水平な移動平均線を
価格が上抜けている

レジスタンス

根拠②
移動平均線のゴールデン
クロスが発生している

複数のサインが
買いエントリー方向を
示しているね

(!) 買いサイン

プロのアドバイス

複数のサインを見ることでエントリーの精度を上げて、ダマシを減らしましょう

第5章 ローソク足と移動平均線

強いトレンドを示すパーフェクトオーダー

短期・中期・長期の3本の移動平均線の並び順から、トレンドを判断してエントリーする方法も存在します。

移動平均線の並び順でトレンドを判定する

パーフェクトオーダーとは「完璧な順番」を意味する英語で、**移動平均線が短期＞中期＞長期の順にきれいに並ぶと、上昇トレンドと判断してエントリーや決済の目安とする方法です**。反対に、短期＜中期＜長期となれば下降トレンドと判断します。

強いトレンドではパーフェクトオーダーが長期間続きますが、レンジ相場やトレンドの勢いが弱いときには出現しないことが多いです。そのため、パーフェクトオーダーは大きなトレンドをとらえる手段として考えられています。

短期と中期のクロスで買い増し・売り増しする

パーフェクトオーダー発生中は強いトレンド相場なので、短期と中期の移動平均線を利用してポジションを追加することも検討できます。

上昇トレンド中に、一時的に短期線が中期線よりも下に潜り込んだ後で、再度パーフェクトオーダーとなった場合にはトレンドの継続と考えられるため、順張り方向にポジションを追加するポイントです。

短期線もしくは中期線が長期線を下回ったり、価格が重要なサポートを下回った場合には、上昇トレンドの終了と考えてポジションを決済するサインです。

用語解説

ピラミッディング   利益が乗っているときにさらにポジションを追加していくこと。トレンドが長く続けば大きな利益を狙える一方、高値掴みのリスクもある。

パターン66 パーフェクトオーダーの例

【USD ／ JPY】

移動平均線が短期＞中期＞長期
のパーフェクトオーダーが発生 → 【❗】買いサイン

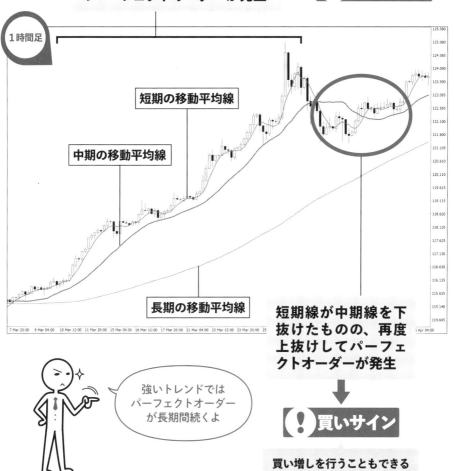

1時間足

短期の移動平均線

中期の移動平均線

長期の移動平均線

短期線が中期線を下
抜けたものの、再度
上抜けしてパーフェ
クトオーダーが発生

↓

【❗】買いサイン

買い増しを行うこともできる

強いトレンドでは
パーフェクトオーダー
が長期間続くよ

プロのアドバイス

移動平均線が短期＞中期＞長期のときは上昇トレンド、短
期＜中期＜長期の場合は下降トレンドと判断できます

第5章 ローソク足と移動平均線

順張り　　　トレンド

パーフェクトオーダーと
ほかのサインを活用

パーフェクトオーダーは出現頻度が低いため、ほかのエントリー手法と組み合わせて取引頻度を増やすことができます。

トレンドの初動で試し買い・試し売りする

　移動平均線は値動きに遅れて反応するため、初動を捉えることは難しいです。とりわけパーフェクトオーダーは3本以上の移動平均線を使ってトレンドを判断するため、出現頻度が低く取引のチャンスが少なくなりがちです。

　こうした欠点をカバーするために、**グランビルの法則などその他のチャート分析を組み合わせることで、パーフェクトオーダーが発生する前段階からポジションを保有してみましょう。**

　右のチャートでは、左側でまず短期線が中期線を下抜けるデッドクロスが発生しています。この時点ではまだパーフェクトオーダーではありませんが、この段階で試し売りをしかけてもよいでしょう。続いて、大陰線が発生して長期線を大きく下抜けしています。これをグランビルの法則の売りパターン①と考えて、売りポジションを追加することもできます。

　一方、パーフェクトオーダーが完成後、追加でポジションを持ちたいと思った場合にも、これまでに学んできたチャート分析を併用することで有利なエントリーの位置を探せます。

　例えばチャート右側の部分では、ローソク足が移動平均線上で反発しています。このような**テクニカル分析上の根拠があるポイントでポジションを追加していくのも、ひとつの方法です。**水平線やトレンドラインを使ってレジスタンスまで引き付けてから売り増しするのもよいでしょう。

用語解説
打診買い・打診売り　大きなポジションを持つ前に、試しに買ったり売ったりすること。リスクを軽減してポジションの平均取得価格を安定させる目的で行う。

パターン**67** パーフェクトオーダーとほかの分析方法の組み合わせ

【USD ／ JPY】

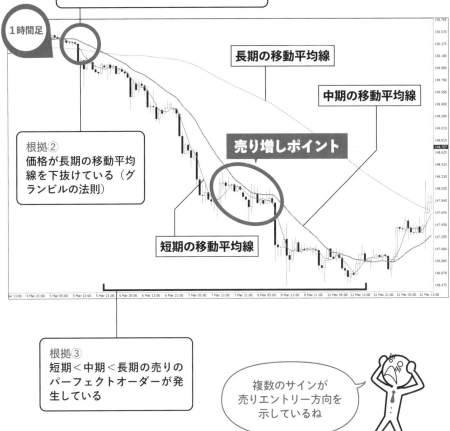

根拠①
短期の移動平均線が中期の移動平均線
を下抜けている（デッドクロスが発生）

1時間足

長期の移動平均線

中期の移動平均線

売り増しポイント

根拠②
価格が長期の移動平均
線を下抜けている（グ
ランビルの法則）

短期の移動平均線

根拠③
短期＜中期＜長期の売りの
パーフェクトオーダーが発
生している

複数のサインが
売りエントリー方向を
示しているね

⬇

(!) 売りサイン

プロのアドバイス

**パーフェクトオーダーの出現頻度が低い分、ほかのチャー
ト分析を併用することでトレンドの初動を掴みましょう**

第**5**章

ローソク足と移動平均線

移動平均線で
休む場面を意識する

「休むも相場」という格言のとおり、トレンドフォロー手法ではポジションを持たないタイミングの見極めも大切です。

大きなトレンドの後はもみ合いが発生しやすい

　パーフェクトオーダーが終了した後は、トレンドが落ち着いて方向感を失うことも多いので、ポジションを持たずに静観することも必要です。レンジ相場では価格が一方向に動きづらく、トレンドフォローの手法では損失を出しやすいため無理は禁物です。

　より具体的には、**上昇トレンドの終盤で短期の移動平均線が中期や長期の移動平均線を下抜けると、パーフェクトオーダーが崩れていったんポジションを決済する合図となります。**上昇トレンドが再開するのか、下降トレンドに転換するのかを注意深く見守りましょう。

価格と移動平均線がもつれ合う場面では手を出さない

　右の図のように3本の移動平均線がもつれ合いながら推移している場面や、価格が移動平均線の上下を行ったり来たりするような場面は、トレンドがはっきりしないため、順張り方向へのエントリーは損失を招きやすくなります。

　トレンドが不明瞭な状況では無理に取引することは避け、再びトレンドが発生するのを待つか、トレンドが発生しているほかの通貨ペアを取引するほうがよいでしょう。

☑Check!　　段階的にポジションを持つことで、ダマシとなった場合に大きな損失を防ぎつつ、強いトレンドが発生したときに大きな利益を狙える。

パターン68 移動平均線で休む場面を探す

【GBP ／ USD】

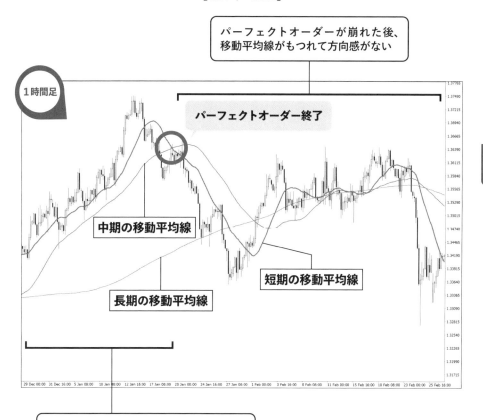

パーフェクトオーダーが崩れた後、
移動平均線がもつれて方向感がない

1時間足

パーフェクトオーダー終了

中期の移動平均線

長期の移動平均線

短期の移動平均線

短期＞中期＞長期のパーフェクトオーダー

相場の方向感がない
ときは、ポジションを
持たないようにしよう

プロのアドバイス

トレンドがはっきりしない局面では、無理に取引せず、次にトレンドが発生するタイミングを待つなどしましょう

戻しのタイミングを計る
移動平均線かい離率

移動平均線かい離率のテクニカル指標を使うと、現在の価格が移動平均線から
どのくらい離れているのかを、より正確に判断できます。

かい離率＝どのくらい離れているかの割合

　グランビルの法則の買いパターン④（154ページ参照）、売りパターン
④（162ページ参照）のような、価格が移動平均線から大きく離れたとき
に逆張りを狙う手法では、移動平均線かい離率のテクニカル指標を組み合
わせるとエントリーのタイミングを探しやすいです。

　このテクニカル指標は、**価格が移動平均線からどのくらい離れているの
かを数値と一緒にサブチャート上に視覚的に表示してくれるため、一定の
水準だけ離れたらエントリーするといった戦略で活用できます。** 過去にど
のくらいの価格のかい離があったのか、ひと目でわかるのも大きなメリッ
トです。

通貨ペアや時間足ごとに仕掛けのタイミングは異なる

　**通貨ペアや時間足によって値動きは異なるので、逆張りをしかけるポイ
ントや数値はそれぞれで調整が必要です。**

　短期足ほど大きなかい離は起こりづらく、長期足ほど価格と移動平均線
のズレが起きやすい傾向があります。加えて、表示する移動平均線の種類
や期間によっても異なるため、自分のトレード手法に合わせて調整してみ
ましょう。

テクニカル指標には相場の方向性を読むトレンド系と、買われすぎや売
られすぎを判断するオシレーター系の2種類があり、かい離率は後者。

パターン**69** 移動平均線かい離率を利用した逆張り

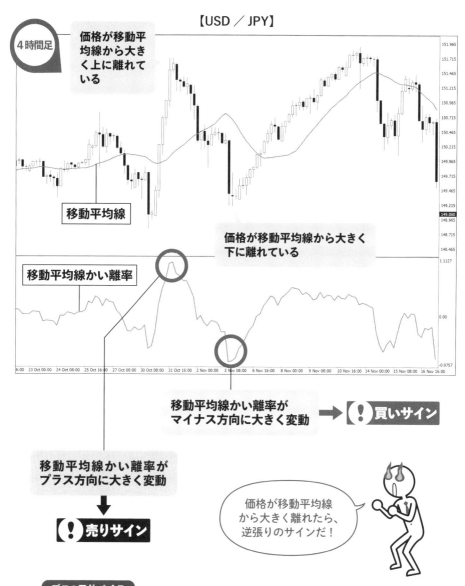

【USD／JPY】

4時間足

価格が移動平均線から大きく上に離れている

移動平均線

価格が移動平均線から大きく下に離れている

移動平均線かい離率

移動平均線かい離率がマイナス方向に大きく変動 ➡ 【！】買いサイン

移動平均線かい離率がプラス方向に大きく変動

【！】売りサイン

価格が移動平均線から大きく離れたら、逆張りのサインだ！

プロのアドバイス

価格が移動平均線から離れるほどかい離率も大きくなり、プラス方向は売り、マイナス方向は買いのサインです

第**5**章　ローソク足と移動平均線

175

違う時間軸の移動平均線を同時に表示させる

移動平均線を使ったテクニックとして、同じチャート上に違う時間軸の移動平均線を表示させ、一目で異なる視点の情報を得るという方法があります。

パラメーターを調整して表示させる

　複数の移動平均線を使う際に覚えておきたいのが、パラメーター（変数）を変更することで別の時間軸の移動平均線を簡易的に再現するテクニックです。例えば、1時間足チャートに「1時間足の20SMA」「4時間足の20SMA」「日足の20SMA」を表示させたい場合、4時間足の20SMAとは1時間足の20SMAを4倍させた値となります。つまり、**1時間足の80SMAが4時間足の20SMAに相当します**。同じ考え方で、日足の20SMAは、1時間足のSMAの24倍（24時間）、つまり、1時間足の480SMAが日足の20SMAに相当します。

複数の時間軸の視点からトレンドを確認する

　これらを実際のトレードでどう使うかはさまざまな考え方がありますが、右図の例を見ながら、活用法を考えてみましょう。

　チャート中盤以降で、4時間足20SMAと1時間足20SMAが日足の20SMAを上抜けて以降、大きなトレンドが発生していることがわかります。ここから、**「日足」「4時間足」「1時間足」のすべてで20SMAを軸としたトレンド転換が起こっていると考えられます**。このように、「日足レベルのトレンド転換」と「時間足レベルのトレンド転換」が重なるような相場が動きやすいポイントを探すといった使い方ができます。

実践！　具体的なエントリーポイントを検討する際にこのテクニックを活用すると、長期、短期、2つの視点からエントリーを検討することができる。

パターン70　違う時間軸の移動平均線を表示する

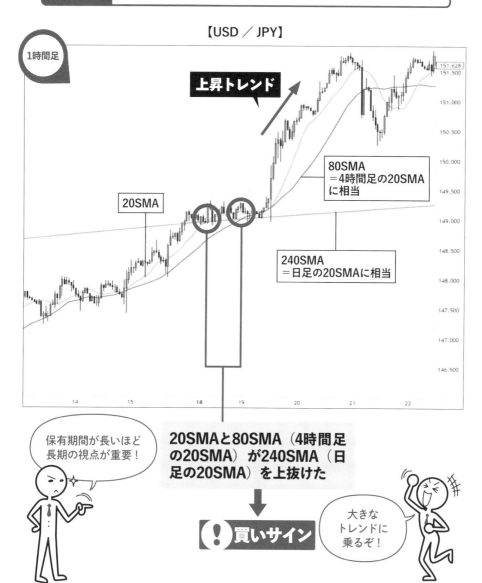

【USD / JPY】

1時間足

上昇トレンド

20SMA

80SMA
＝4時間足の20SMA
に相当

240SMA
＝日足の20SMAに相当

第5章　ローソク足と移動平均線

保有期間が長いほど
長期の視点が重要！

20SMAと80SMA（4時間足
の20SMA）が240SMA（日
足の20SMA）を上抜けた

大きな
トレンドに
乗るぞ！

【!】買いサイン

プロのアドバイス

パラメーターを調整するだけで、長期的な視点を取り入れ
られるのでダマシを抑えやすくなります

短期売買であっても長期トレンドを確認する

為替は、大きなトレンドのなかで日々変動しています。200日SMAを中心に、MACDなどのテクニカル指標でトレンドを把握しましょう。

トレンドを捉えやすいのは移動平均線

　短期売買であってもこれまでに解説してきた通り、トレンドを把握しておいたほうが、どちらの方向へ売買するかの判断をより効率的にできるようになります。その際、特に日足や週足などの長期のトレンドを確認しておくことが重要ですので、改めて長期トレンド分析に適した方法を紹介します。

　まず、トレンド分析といえばやはり移動平均線です。移動平均線は、線の種類やパラメーターによって細かな違いがありますが、特に**日足の200日SMAの動向は必ず押さえておくべきです**。このパラメーターは、グランビルも採用していた数値であり、特に長期の動向を分析する際には多くの投資家が使っているため、市場で意識されやすいポイントを探す際に有用です。

MACDとボリンジャーバンドで精度を上げる

　トレンドの初動を分析する場合はMACD（220ページ参照）のMACD線とシグナル線のクロスを見るのもよいですし、トレンドの強さや安定性を見る場合はボリンジャーバンドを使ってみましょう。これらのテクニカル指標に、前述したトレンドライン（102ページ参照）やダウ理論（82ページ参照）を加えると、より長期トレンド分析の確度を高められます。

用語解説
200日SMA（移動平均線） パラメーターを200日に設定した移動平均線。土日祝日などを除いたおおよそ1年間の値動きの平均がわかり、中長期投資家によく用いられる。

【USD ／ JPY】

長期的な上昇トレンドが
発生。一時的に下落して
も1 ～ 2カ月で上昇する

ローソク足が、右肩上がりの200日
SMAの上を推移している

日足

長期的な
トレンドを掴もう

200日SMA

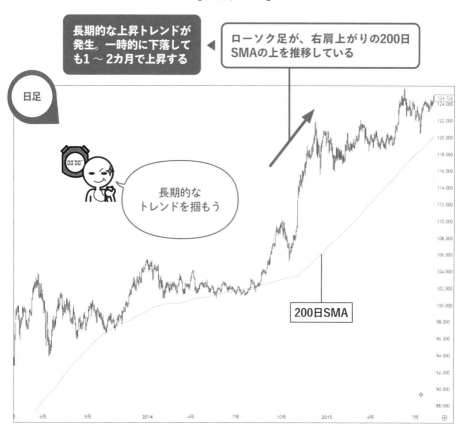

第**5**章

ローソク足と移動平均線

プロのアドバイス

いつまでトレンドが続き、どのくらい価格が上下するかの
目安を知るには、大きな視点でチャートを見ましょう

練習

問題❶——エントリーのポイント

グランビルの法則の
エントリーポイントは？

【GBP ／ JPY】

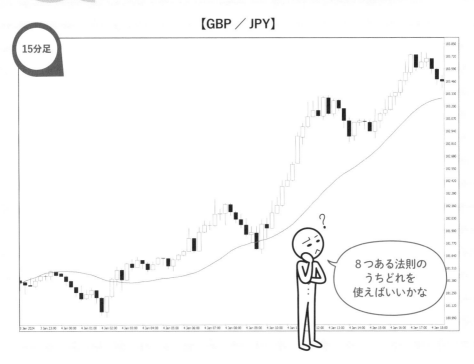

移動平均線と価格の位置関係を見る

　グランビルの法則を使って、エントリーポイントを探しましょう。

　この法則を使えば、移動平均線と価格の位置関係からトレンドの方向とエントリーポイントを判断できます。

　トレンドが強いときほど、価格は移動平均線から大きく離れますが、高値掴みとなる危険性があります。移動平均線を利用して、トレンドの転換点や押し目となる場所を探すとよいでしょう。

問題❷──エントリーのポイント

パーフェクトオーダーのエントリーと決済は？

【GBP／JPY】

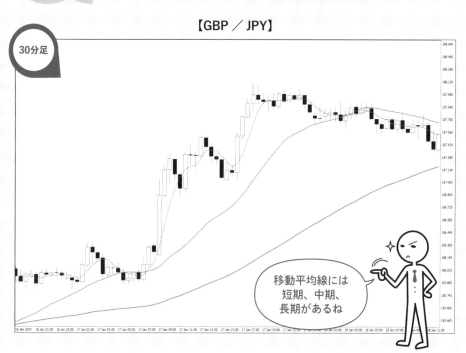

30分足

移動平均線には
短期、中期、
長期があるね

3本の移動平均線の順番からトレンドを判断

　パーフェクトオーダーを使って、エントリーのポイントを探してみましょう。

　移動平均線は1本だけでなく、複数本表示してトレンドの方向やエントリーを判断することもできます。価格に勢いがあるときは、短期の移動平均線が長期の移動平均線よりも先にトレンド方向に動き出すため、移動平均線の順番に注目しましょう。上昇トレンドでは短期線が長期線よりも上に、下降トレンドでは短期線が長期線よりも下に位置します。

181

練習

解答❶——エントリーのポイント

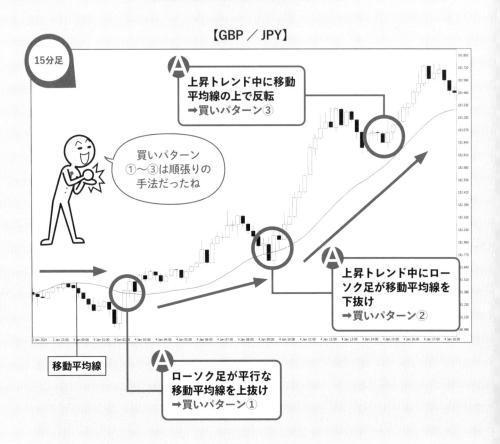

【GBP／JPY】

15分足

Ⓐ 上昇トレンド中に移動平均線の上で反転
➡買いパターン③

買いパターン①〜③は順張りの手法だったね

Ⓐ 上昇トレンド中にローソク足が移動平均線を下抜け
➡買いパターン②

移動平均線

Ⓐ ローソク足が平行な移動平均線を上抜け
➡買いパターン①

グランビルの法則①〜③を使ってエントリーする

　ローソク足が平行な移動平均線を上抜いたらグランビルの法則①（148ページ参照）、上昇トレンド中にローソク足が移動平均線を下抜けたらグランビルの法則②（150ページ参照）、上昇トレンド中に移動平均線の上で反転したらグランビルの法則③（152ページ参照）となり、いずれも買いエントリーです。押し目や戻りを狙うときは、ローソク足の形や直近の高値安値も参考にしましょう。

　なお、②と③はキーリバーサル（66ページ参照）が出現しています。

解答❷——エントリーのポイント

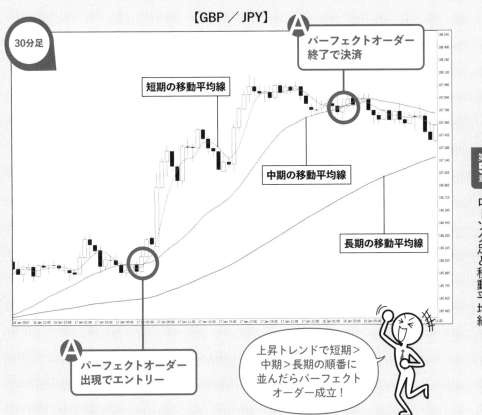

【GBP／JPY】

30分足

パーフェクトオーダー
終了で決済

短期の移動平均線

中期の移動平均線

長期の移動平均線

パーフェクトオーダー
出現でエントリー

上昇トレンドで短期＞
中期＞長期の順番に
並んだらパーフェクト
オーダー成立！

短期＞中期＞長期で買いエントリー、順番が崩れたら決済

　上昇トレンド中では「短期＞中期＞長期」、下降トレンド中では「短期
＜中期＜長期」の順番で移動平均線が並ぶとパーフェクトオーダーとなり、
強いトレンドを示します。

　移動平均線がこの順番となったときは、順張り方向にエントリーする合
図です。パーフェクトオーダーが続く間はポジションを持ち続けて、順番
が崩れたら決済しましょう。

証拠金維持率が一定水準を下回ると強制決済される

大きな損をしないための措置

　FXには「証拠金維持率」という考え方があります。証拠金維持率とは、取引に必要な証拠金（必要証拠金）に対して、どれくらいの証拠金（有効証拠金）があるのかを示す割合です。計算方法は「有効証拠金÷必要証拠金×100」です。有効証拠金が10万円で、そのうち5万円が必要証拠金の場合、「10万円÷5万円×100＝200％」となります。

　また、必要証拠金は「現在のレート×取引数量×4％」で計算します。米ドル／円＝150円、取引数量が1000通貨のとき、必要証拠金は6000円です。

　国内のFX会社では、証拠金維持率が一定の水準を下回った時点で、ポジションを強制決済（ロスカット）するシステムを採用しています。強制決済される水準はFX会社によって異なりますが、一般的には100％未満とする場合が多いです。これは私たち投資家のさらなる損失拡大を避けるためです。証拠金維持率が100％を割る場合、かなりリスクの高い取引をしていることになります。

　ただし、猶予として、「追加証拠金」というシステムを取り入れているFX会社もあります。追加証拠金とは、証拠金維持率が一定水準を下回った場合に、不足金を一定期間内に入金すれば、ポジションを保持できるというしくみで、略して「追証（おいしょう）」ともいわれます。

　FXトレードで退場してしまう理由のひとつに、レバレッジ上限まで使って証拠金維持率ギリギリのトレードを行い、含み損が発生→ロスカットを避けるために入金→レートがさらに逆行し最終的にロスカット、というお決まりのパターンがあります。このような事態を避けるためにも、レバレッジを低くしてリスクコントロールを行うことや、損切り注文を入れておくといった対策が必要です。

第6章

テクニカル指標

テクニカル指標を使った値動きの分析

第5章では移動平均線について紹介しましたが、それ以外にもさまざまなテクニカル指標があります。トレンド系とオシレーター系に分けられ、いずれもチャートの分析に役立ちます。

Keywords

- ●テクニカル
- ●BB
- ●一目均衡表
- ●パラボリック
- ●エンベロープ
- ●サイコロジカル
- ●RSI

- ●ストキャス
- ●RCI
- ●DMI
- ●MACD
- ●P&F
- ●平均足
- ●フィボナッチ

トレンド系とオシレーター系 2種類のテクニカル指標

テクニカル指標は、トレンド系とオシレーター系の2種類に大別されます。それぞれ、順張り、逆張りという戦略に有効な指標です。

過去のデータから値動きを読み解く

ここからはデイトレードで利益を出す際に重要な要素である「テクニカル分析」について解説していきます。

テクニカル分析とは、主に過去の価格などのデータを使って値動きを分析する手法のこと。テクニカル分析で将来の価格を100％予想できるわけではありませんが、**うまく使いこなせれば「市場参加者の目線」や「現在の価格の状態」などを客観的に分析できるようになります。**

その主要な方法は、チャートを使った分析手法です。これまで解説してきた「ローソク足」も、形状から価格の方向性を予測するために用いられているため、これもテクニカル分析のひとつといえるでしょう。

2種類のテクニカル指標を使いこなす

ほかにも、チャートに「テクニカル指標」と呼ばれるグラフを追加し、より細かく値動きを分析するやり方もあります。「テクニカル指標」といってもこのページに書ききれないほど種類があるのですが、移動平均線やボリンジャーバンドなどの「トレンド系指標」、RSIやストキャスティクスなどの「オシレーター系指標」の2つに大きく分類ができます。

これらの指標をどう使うのかによってもスタイルが大きく変わるので、まずはそれぞれの特徴をしっかりと押さえておきましょう。

プラスα　為替の動向を読み解く分析には、テクニカル分析のほかに、経済動向や政策金利などを用いたファンダメンタルズ分析がある。

テクニカル分析 過去の価格など使って、値動きを予測する。チャートを使った**視覚的にわかりやすい**分析方法。

トレンド系指標

トレンドの始まり、終わり、勢いを予測しやすいため、**順張りに有効**
- 移動平均線
- ボリンジャーバンド
- エンベロープ
- 一目均衡表
など

オシレーター系指標

買われすぎているか、売られすぎているかを判断しやすいため、**逆張りに有効**
- RSI
- RCI
- 移動平均乖離率
- ストキャスティクス
など

第6章 テクニカル指標を使った値動きの分析

【USD／JPY】

日足

移動平均線
トレンド系指標。初心者が最も使いやすい指標

RSI
オシレーター系指標。視覚的に相場の過熱感がわかる

ボリンジャーバンド①
基本の構造

ボリンジャーバンドは、移動平均線にもとづき、標準偏差（σ）を用いて値動き
を予測するテクニカル指標です。順張りと逆張りの両方に使えます。

値幅を視覚的に把握できるテクニカル指標

　ボリンジャーバンド（BB）は、1980年代初頭にジョン・ボリンジャー
によって開発されたテクニカル指標で、相場のボラティリティとトレンド
を把握するのに役立ちます。

　この指標は、移動平均線（ミドルライン）を中心にして、価格の上下に
配置される2つのバンドから構成されています。中心の移動平均線は通常、
期間20または21の単純移動平均線が使用されます。

　**上下のバンドは、この移動平均線から特定の標準偏差（一般的には±2
σ）を上下に加算して描かれます。** 標準偏差は価格の変動幅を測るための
統計的な指標であり、ボリンジャーバンドではこの変動幅を利用して市場
のボラティリティを捉えます。

　**価格変動が正規分布に従うならば、統計上は96%以上の確率で価格は
±2σのバンドの範囲内に収まります。** ただし、本来ボリンジャーバンド
は順張りに使うテクニカル指標であり、トレンドの発生時はバンドを超え
て価格が大きく動くことも珍しくありません。

　価格が上のバンドに近付くか触れると、買いが優勢であることを示し、
価格の反転または調整の可能性が高まります。一方で、価格が下のバンド
に近付くか触れると、売りが優勢であることを示し、価格の反発の可能性
があります。

用語解説

ボラティリティ　　　　商品や通貨の値幅。大きいほど価格が不安定で価格変動リスクが大きくなるが、
取引のチャンスも拡大する。ポンドはボラティリティの高い通貨として有名。

パターン**73** ボリンジャーバンドの見方

【USD ／ JPY】

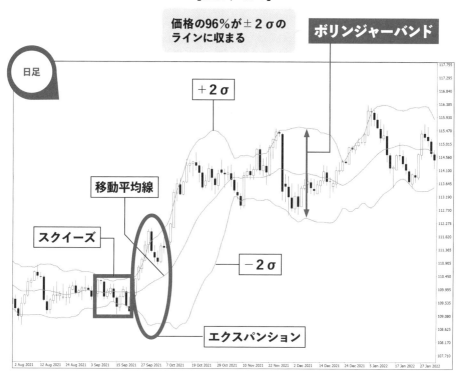

価格の96%が±2σの
ラインに収まる

ボリンジャーバンド

日足

＋2σ

移動平均線

スクイーズ

−2σ

エクスパンション

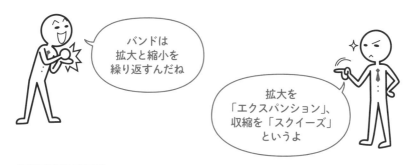

バンドは
拡大と縮小を
繰り返すんだね

拡大を
「エクスパンション」、
収縮を「スクイーズ」
というよ

プロのアドバイス

バンドが広がっている場合は市場のボラティリティが高く、狭まっている場合はボラティリティが低いといえます

第**6**章 テクニカル指標を使った値動きの分析

189

ボリンジャーバンド②
±2σの反発で逆張り

ボリンジャーバンドは値動きの大半が±2σの範囲内で動くため、このラインを基準とした逆張りを狙う戦略は非常に一般的です。

ボリンジャーバンドの上限または下限で逆張り

ボリンジャーバンドを利用した逆張り戦略は、とても人気のあるトレード手法のひとつです。

価格が−2σのラインにタッチしたり、下回ったときには売られすぎの状態と見なし、価格の反発や上昇が予想されるため買いエントリーの目安です。反対に、価格がボリンジャーバンドの＋2σのラインにタッチしたり、上回ったときには買われすぎの状態と見なし、価格の反転や下落が予想されるため売りエントリーの目安です。

価格がミドルラインもしくはエントリーと反対側のバンドに達したら、利益確定の目安です。

トレンド発生時には損失となるため注意が必要

価格がボリンジャーバンドの±2σの範囲を大きく超えて動いたときは、強いトレンドの発生を示すため注意が必要です。 ボリンジャーバンドを利用した逆張りはレンジ相場では有効ですが、トレンド相場では大きな損失を招く可能性があります。

なお、ボリンジャーバンドに限らず、逆張り戦略を実行する際には、大きな損失を防ぐために直近のサポートやレジスタンスを参考に損切りポイントをあらかじめ決めておくことが重要です。

☑Check! 　ボリンジャーバンドの期間や標準偏差はトレードする通貨ペアや時間足によって調整し、反発の可能性がより高い±3σを用いる場合もある。

パターン74 ボリンジャーバンドを利用した逆張り

【USD ／ JPY】

価格が＋2σに達した ➡ **(!)売りサイン**

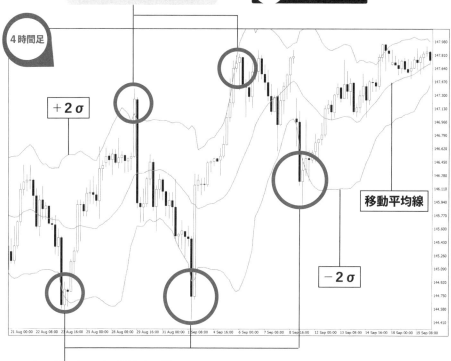

価格が－2σに達した

↓

(!)買いサイン

±2σを超えた値動きは
トレンド相場となって、
損失を生む可能性が
あるので注意！

価格が＋2σに達したときは買われすぎ、－2σに達した
ときは売られすぎと考えることができます

第**6**章 テクニカル指標を使った値動きの分析

191

ボリンジャーバンド③ バンドウォークで順張り

ボリンジャーバンドは本来、順張りで使うトレンド系のテクニカル指標です。
価格が上下のバンドを超えて動くときは順張りのチャンスです。

価格が±2σを超えて大きく動いたら順張りのサイン

　バンドウォークとは、価格がボリンジャーバンドに沿って上昇もしくは
下落する値動きを指します。ボリンジャーバンドは逆張りに使うイメージ
が強いですが、元来はトレンドフォロー戦略で使われます。

　まず、中心の移動平均線（ミドルライン）がトレンドの方向を示してい
ることを確認します。上昇トレンドであれば移動平均線は上向き、下降ト
レンドであれば下向きになります。また、トレンドが強いときは値動きの
ボラティリティが増加し、ボリンジャーバンドは拡張します。これは、ト
レンドの勢いが強く、市場がその方向に大きく動いていることを示します。

　**上昇トレンドにおいて、価格がボリンジャーバンドの上限を力強く突破
することは、買いエントリーのサインです。**反対に下降トレンドにおいて
は、価格がバンドの下限を突破することが売りエントリーのサインです。

上位足の方向感や水平線のブレイクを組み合わせる

　**ボリンジャーバンドを使った順張りエントリーの精度を上げるには、移
動平均線の傾きを見る以外に、上位足のトレンド方向や重要なサポートや
レジスタンスをブレイクしているかを観察する方法があります。**ほかのト
レード手法と同様、複数の根拠を組み合わせてエントリーすることが望ま
しいでしょう。

☑Check!　ボリンジャーバンドは利確に使うこともできる。トレンド方向と反対側の
バンドが収縮（スクイーズ）したらトレンドが一服して決済の合図。

【USD ／ JPY】

バンドが拡大しており、価格が
＋2σを上抜けして力強く上昇 ➡ **(!)買いサイン**

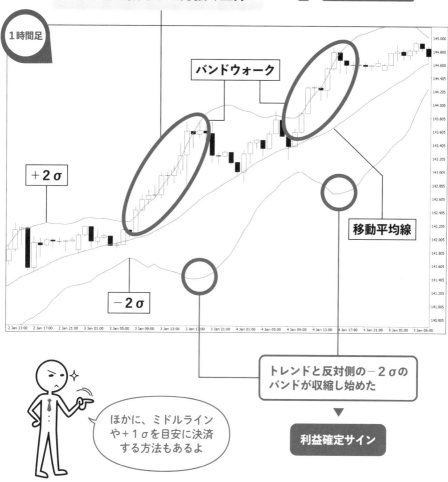

1時間足

バンドウォーク

＋2σ

移動平均線

－2σ

トレンドと反対側の－2σの
バンドが収縮し始めた

▼

利益確定サイン

ほかに、ミドルライン
や＋1σを目安に決済
する方法もあるよ

プロのアドバイス

バンドの拡大は、市場がトレンド方向に大きく動いている
証。トレンドの方向をよく見てみましょう

第**6**章 テクニカル指標を使った値動きの分析

一目均衡表①
基本となる5つの線

5本の線を使ってチャートを分析する一目均衡表。複雑そうに見えますが、線の組み合わせと売買サインに注目するだけでも有効な分析ができます。

線の名称	計算
基準線	(過去26日間の最高値＋過去26日間の最安値)÷2
転換線	(過去9日間の最高値＋過去9日間の最安値)÷2
先行スパン1	(転換値＋基準値)÷2　を26日先に表示
先行スパン2	(過去52日間の最高値＋過去52日間の最安値)÷2 を26日先に表示
遅行線	当日終値を26日前に表示

特定の線だけに注目するとシンプルに使える

　一目均衡表は、昭和初期に都新聞社の商況部部長であった細田悟一氏が開発した、日本発祥のテクニカル指標で、専門書も出ています。

　一目均衡表は「基準線」「転換線」「先行スパン1・2」「遅行線」の合計5本の線とローソク足を使って相場を分析します。また、本格的に一目均衡表の分析に取り組む場合、「時間論」や「波動論」といった理論も合わせて考える必要がありますが、5本の線のうち、必要な線の組み合わせと、売買サインだけに注目する場合は、意外とシンプルに分析を行えます。

☑Check!　**一目均衡表は時間を軸とした相場分析で、時間と価格の間には関係があるという考え方にもとづいて考案されたテクニカル指標。**

【USD ／ JPY】

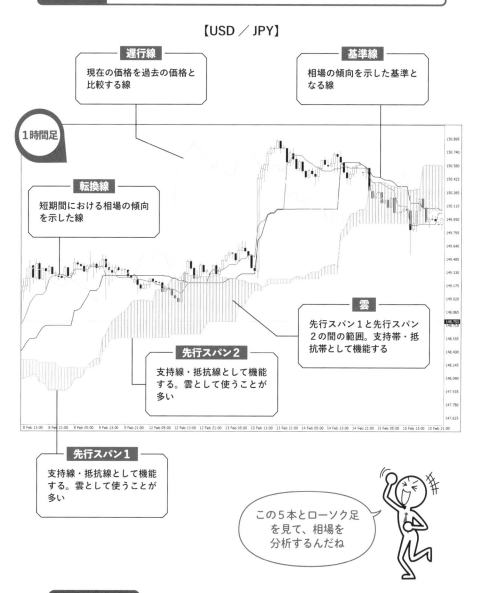

遅行線
現在の価格を過去の価格と
比較する線

基準線
相場の傾向を示した基準と
なる線

1時間足

転換線
短期間における相場の傾向
を示した線

雲
先行スパン1と先行スパン
2の間の範囲。支持帯・抵
抗帯として機能する

先行スパン2
支持線・抵抗線として機能
する。雲として使うことが
多い

先行スパン1
支持線・抵抗線として機能
する。雲として使うことが
多い

この5本とローソク足
を見て、相場を
分析するんだね

第**6**章 テクニカル指標を使った値動きの分析

プロのアドバイス

**5つの線の組み合わせによって分析するため、それぞれの
線の役割を大まかに区別できるようにしておきましょう**

一目均衡表②
三役好転・三役逆転

「三役好転」と「三役暗転」はトレンド転換からの強い売買サインとなります。出現率は低いものの、取引のチャンスとして注目するとよいでしょう。

3つの条件を満たすポイントを探す

　三役好転は、上昇トレンドの始まりを示す強気のサインです。**三役好転が発生するには「①転換線が基準線を上抜け」「②遅行線がローソク足を上抜け」「③ローソク足が雲を上抜け」という3つの条件を満たす必要があります。**

　転換線と基準線は、計算式は違いますが移動平均線のゴールデンクロスと考え方が似ています。短期の相場の方向性を示す転換線が、長期的な相場の方向性を示す基準線を上抜けることで、トレンド転換を示します。

　遅行線は26日前の価格と比較して相場の強弱を判断します。遅行線が26日前の価格を上回ることで強気相場への反転を示しています。

　先行スパン1と2の間にできる「雲」は相場の支持帯・抵抗帯と考えられていて、上抜けることで上昇トレンドへの転換を示します。

たまにしか起こらないが、成立すればチャンス

　上記3つのの条件が揃ったら「三役好転」、この反対の状況になれば「三役逆転」が成立します。**三役好転は強い買いサイン、三役逆転は強い売りサインと考えられています。**頻繁に成立するわけではありませんが、注意して観察しておきましょう。

プラスα　**三役逆転は「①転換線が基準線を下抜け」「②遅行線がローソク足を下抜け」「③ローソク足が雲を下抜け」の3つが条件となる。**

【USD ／ JPY】

遅行線

転換線

3時間足

②遅行線がロー
ソク足を上抜け

基準線

①転換線が
基準線を
上抜け

雲

③ローソク足が雲を上抜け

↓

3つの条件を順番に満
たして三役好転発生 ➡ (!) **買いサイン**

第6章 テクニカル指標を使った値動きの分析

プロのアドバイス

**出現頻度は低いですが、三役好転は強い買いサイン、三役
逆転は強い売りサインです。見逃さないようにしましょう**

一目均衡表③
雲でトレンドを判断

「雲」は先行スパン1と先行スパン2によってつくられます。サポートやジスタンスとして機能し、価格が雲を抜けるとトレンド転換の可能性があります。

雲と価格の位置関係からトレンドを判断

　一目均衡表の「雲」は先行スパン1と先行スパン2によって形成され、将来の価格帯を予測し、値動きを視覚的に表現します。

　価格が雲の上にある場合は上昇トレンド、雲の下にある場合は下降トレンドを意味します。価格が雲のなかにあるときは、トレンドが不明瞭であるか、レンジ相場を意味します。

　また、雲の厚さはトレンドの強さを反映しており、厚い雲は強いトレンドを、薄い雲はトレンドの転換が起こりやすい状況を示します。

　トレンドの変化を探る際に、価格が雲を突破する動きは特に注目されます。価格が雲を上方に突破すると、これは上昇トレンドへの変化を示し、買いエントリーの目安です。逆に価格が雲を下方に突破する場合は、下降トレンドへの変化を示し、売りエントリーの目安です。

押し目買いや戻り売りの目安としても使える

　雲はトレンド発生中にサポートやレジスタンスの役割を果たすことがあります。上昇トレンドの場合、雲は価格を下支えするサポートとして機能します。下降トレンドの場合、雲は価格の上値を抑えるレジスタンスとして働きます。そのため、価格が雲に突入したり、その後反発したタイミングでトレンド方向にエントリーする戦略が有効です。

プラスα 　雲の「ねじれ」を利用することでトレンド転換を判断できる。移動平均線と同様、トレンドに強いがレンジ相場ではダマシも多いため注意。

【USD ／ JPY】

！買いサイン ← 価格が上から雲に
近付いている

1時間足

価格が雲より上にある
➡上昇トレンド

雲

第6章 テクニカル指標を使った値動きの分析

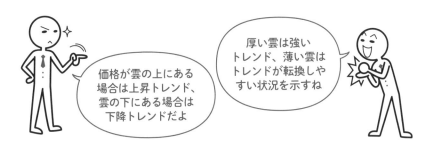

価格が雲の上にある
場合は上昇トレンド、
雲の下にある場合は
下降トレンドだよ

厚い雲は強い
トレンド、薄い雲は
トレンドが転換しや
すい状況を示すね

プロのアドバイス

**価格と雲の位置関係や雲の厚さからトレンドの方向・強さ
を確認して、相場の動向を探りましょう**

相場の転換点を分析するパラボリック

パラボリックはトレンドの方向と転換点を視覚的に掴めるテクニカル指標で、事前に価格の転換点を知ることができるのが大きなメリットです。

ローソク足との位置関係からトレンドを判断

パラボリック（または、パラボリックSAR)は、トレンドの方向を判断し、トレンド転換のポイントを知るのに有用なテクニカル指標です。この指標は、チャート上に連続した点として表示され、価格の下または上に配置されます。市場のトレンドに沿ったトレードのタイミングを特定し、ポジションのエントリーと決済のポイントを探すのに役立ちます。

パラボリックは、点が価格の下にある場合は上昇トレンドを、点が価格の上にある場合は下降トレンドを示します。この特性を利用して、トレーダーはトレンドに沿ってポジションを取ることができます。

また、パラボリックはトレンドの終わりを捉える際にも役立ちます。**点の位置がローソク足の反対側に移動すると、トレンドが転換したと考えられます**。このサインにもとづいてポジションを決済したり、トレンドが反転した方向にエントリーするタイミングを判断できます。

パラボリックを効果的に活用するには、ほかのテクニカル指標やチャート分析と組み合わせて使用することが重要です。例えば、移動平均線やRSIなどと併用することで、より信頼性の高い取引シグナルを得られます。

なお、パラボリックはトレンドの存在する市場では非常に有効ですが、レンジ相場や方向性のない状況ではダマシとなるため、トレンドの有無を常に把握しておくことが重要です。

☑Check!　**パラボリックSARの「SAR」とはストップアンドリバースを意味する。ストップは決済、リバースは反対のポジションを保有すること。**

【USD／JPY】

価格がパラボリックの
下で動いている ➡ **売り方向のサイン**

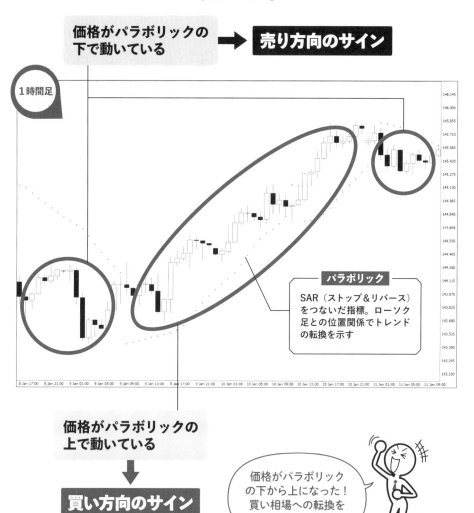

1時間足

パラボリック

SAR（ストップ＆リバース）
をつないだ指標。ローソク
足との位置関係でトレンド
の転換を示す

8 Jan 17:00　8 Jan 21:00　9 Jan 01:00　9 Jan 05:00　9 Jan 09:00　9 Jan 13:00　9 Jan 17:00　9 Jan 21:00　10 Jan 01:00　10 Jan 05:00　10 Jan 09:00　10 Jan 13:00　10 Jan 17:00　10 Jan 21:00　11 Jan 01:00　11 Jan 05:00　11 Jan 09:00

価格がパラボリックの
上で動いている

↓

買い方向のサイン

価格がパラボリック
の下から上になった！
買い相場への転換を
示唆しているね

第**6**章 テクニカル指標を使った値動きの分析

プロのアドバイス

**ローソク足がパラボリックに対してどの位置にあるかに注
目し、トレンドが継続するか転換するかを分析しましょう**

かい離率を利用した エンベロープ

移動平均線かい離率をチャート上に帯状に表示したテクニカル指標です。価格の移動平均線への回帰を狙う逆張りや、トレンド方向への順張りに使えます。

移動平均線からの距離を視覚的に示す

　エンベロープは、移動平均線を中心に上下に一定のパーセンテージで設定されたバンドを描くテクニカル指標です。この指標は、**買われすぎ・売られすぎの水準を視覚的に教えてくれるので、トレンドの強さや転換点を判断するのに役立ちます。**

　２本のバンドは、価格が動く範囲を示します。価格が下のバンドを下回ると売られすぎの状態で、上昇すると期待できます。これは、価格が下落しすぎており、反発する可能性があることを示唆しています。

　一方、価格が上のバンドを超えると買われすぎの状態で、下落すると考えられます。これは、価格が上昇しすぎており、反転する可能性があることを意味します。

順張りと逆張りのどちらにも利用できる

　エンベロープの主な使い方は、トレードのエントリーと決済のタイミングを見極めること、そしてボラティリティに対応するための戦略を立てることにあります。

　なお、**エンベロープにはトレンドフォロー戦略と逆張り戦略のどちらにも利用できる柔軟性があります。**そのため、取引のスタイルによって使い方が変わります。

プラスα　　**上下のバンドは移動平均線かい離率にもとづいて計算されるため、ボラティリティを考慮せず、その幅はおおむね一定となる。**

【USD／JPY】

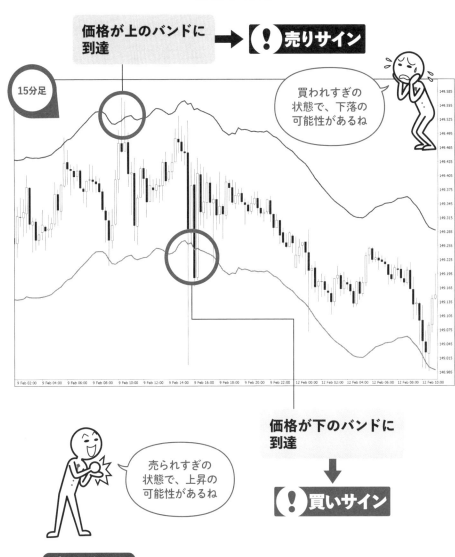

価格が上のバンドに到達 ➡ 【!】売りサイン

買われすぎの状態で、下落の可能性があるね

15分足

価格が下のバンドに到達

売られすぎの状態で、上昇の可能性があるね

【!】買いサイン

プロのアドバイス

エンベロープは買われすぎ・売られすぎを視覚的に捉えることができ、順張りと逆張りの両方で使えます

第6章 テクニカル指標を使った値動きの分析

市場参加者の心理を表す
サイコロジカルライン

サイコロジカルラインは市場参加者の心理状態を視覚化したテクニカル指標です。買われすぎや売られすぎのサインとなります。

特定期間内の上昇日数の割合を数値化

サイコロジカルラインは、市場の心理状態を数値化し、トレーダーの感情や市場のセンチメントを把握するのに役立つテクニカル指標です。この指標は、特定期間内の上昇日数の割合を計算し、市場の強気または弱気の傾向を示します。

サイコロジカルラインの値は、通常、0から100までのパーセンテージで表示され、市場参加者の楽観度または悲観度を表します。

サイコロジカルラインの値が高い（75％以上）場合、多くのトレーダーが市場を強気に見ていることを示し、買われすぎの状態を意味します。一方で、この値が低い（25％以下）場合、市場参加者が悲観的であり、売られすぎの状態を意味します。

逆張りのサインとして活用する

サイコロジカルラインは市場の極端な感情を示す逆転のシグナルとして利用できます。

つまり、**指標が特に高い値を示している場合、市場が過度に楽観的であると見なし、価格が反転する可能性を警戒します。**同様に、指標が特に低い値を示している場合、市場が過度に悲観的であると判断し、価格の反発を予想することができます。

☑Check! **高値圏では利確の売りのほか、反発を予想した新規の売りも集まるため、強いトレンドや特段の材料がない限り、価格は下落しやすくなる。**

パターン**81** | サイコロジカルラインの使用例

【GBP／USD】

30分足

サイコロジカルライン

75%

25%

サイコロジカルラインの数値が75%を上回った

↓

(!) 売りサイン

サイコロジカルラインの数値が25%を下回った

↓

(!) 買いサイン

25%か75%になったらエントリーしよう

第**6**章 テクニカル指標を使った値動きの分析

プロのアドバイス

サイコロジカル・ラインを使って買われすぎ・売られすぎの傾向を掴み、市場参加者の今後の動向を予測しましょう

RSI①
相場の過熱感を見る

RSIは相場の過熱感や行きすぎを把握できる、代表的なオシレーター系のテクニカル指標です。直感的に理解しやすく、特にレンジ相場で効果的です。

70以上で「買われすぎ」、30以下で「売られすぎ」

RSIは「Relative Strength Index」の頭文字を取ったもので、相対力指数とも呼ばれます。FX以外の金融市場でも人気のある、オシレーター系のテクニカル指標です。

RSIは一定期間内における価格の上昇と下降の勢いを数値化し、価格が買われすぎまたは売られすぎの状態にあるかどうかの評価に使われます。**RSIの値は０から100までの範囲で表示され、70を上回ると買われすぎ、30を下回ると売られすぎの水準にあることを示します。**期間は７もしくは14を用いて計算することが一般的です。

レンジ相場における逆張りで威力を発揮する

方向感のないレンジ相場では、RSIは相場の反転するポイントを探るのに効果的です。

RSIが30以下の水準に達したら買いエントリー、70以上の水準に達したら売りエントリーの目安です。

RSIの反発を確認した上でポジションを持ったり、直近の高値など反発が期待できそうな水準まで引き付けてエントリーすると、より高い精度で取引できます。

☑Check!　**RSIは「期間中の値上がり幅の平均÷（値上がり幅の平均＋値下がり幅の平均）」で算出できる。**

【EUR ／ USD】

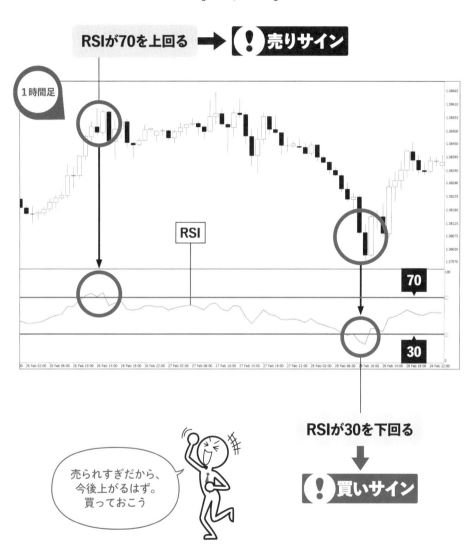

RSIが70を上回る ➡ (!) 売りサイン

1時間足

RSI

70

30

RSIが30を下回る

(!) 買いサイン

売られすぎだから、今後上がるはず。買っておこう

プロのアドバイス

売られすぎのときに買い、買われすぎのときに売るため、RSIは一般的に逆張り戦略で用いられます

第6章 テクニカル指標を使った値動きの分析

RSI②
ダイバージェンス

高値圏や安値圏において、RSIとローソク足が逆行(ダイバージェンス)すると、トレンドが転換して価格が反転するサインとなります。

価格とRSIが逆行したらトレンド転換のサイン

　RSIのダイバージェンスは、価格の動きとRSIが異なる方向に進んでいる状態を指し、潜在的なトレンド転換のサインと考えられます。

　価格が高値を更新しているにもかかわらず、RSIがそれに続かずに低下している場合、弱気のダイバージェンスです。上昇トレンドが失速し、価格が下落する可能性が高まっていることを示し、売りエントリーを考えます。一方で、価格が安値を更新しているにもかかわらず、RSIが上昇している場合、強気のダイバージェンスです。下降トレンドが弱まり、価格が上昇する可能性があることを示し、買いエントリーを考えます。

ほかのチャート分析と組み合わせて使う

　RSIのダイバージェンスを効果的に活用するには、いくつかの重要な点を考慮する必要があります。まず、ダイバージェンスはトレンド転換の初期サインである可能性がありますが、即座に価格が反転するとは限りません。そのため、**エントリー前にほかのテクニカル指標やチャートパターンでダイバージェンスのシグナルを補強することが重要です。**

　また、RSIのダイバージェンスは特にトレンドの終わり近くでよく見られますが、強いトレンドのなかでは信頼性が低下することがあるため、相場の状況を正確に把握することが不可欠です。

プラスα　　　**ダイバージェンスはRSI以外のオシレーターでも起こることがあり、いずれもトレンド転換の前兆となる場合があるため注意する。**

パターン83 RSIのダイバージェンスの例

【EUR ／ USD】

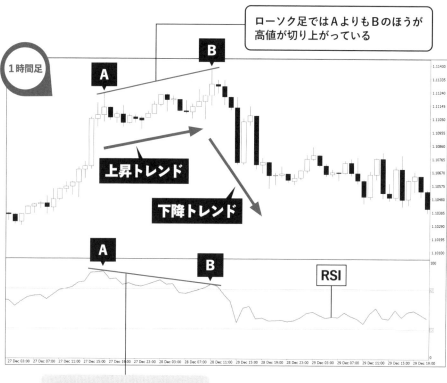

ローソク足ではAよりもBのほうが
高値が切り上がっている

1時間足

A

B

上昇トレンド

下降トレンド

A

B

RSI

27 Dec 03:00 27 Dec 07:00 27 Dec 11:00 27 Dec 15:00 27 Dec 19:00 27 Dec 23:00 28 Dec 03:00 28 Dec 07:00 28 Dec 11:00 28 Dec 15:00 28 Dec 19:00 28 Dec 23:00 29 Dec 03:00 29 Dec 07:00 29 Dec 11:00 29 Dec 15:00 29 Dec 19:00

高値が切り上がっている
が、RSIは切り下がって
おり、ダイバージェンス
が発生

下降の兆候

トレンド転換の
可能性があるから、
売っておこう

プロのアドバイス

RSIは本来オシレーター系の指標ですが、ダイバージェンスによってトレンド転換の見極めにも使えます

第6章 テクニカル指標を使った値動きの分析

ストキャスティクス① 相場の過熱感を見る

ストキャスティクスはRSIと同様、逆張り戦略で使いやすいテクニカル指標です。2本のラインのクロスと強弱から値動きを分析します。

2本の線で「買われすぎ」と「売られすぎ」を判断

　ストキャスティクスは、市場が買われすぎ、もしくは売られすぎの状態にあるかを判断し、将来の価格を予測するのに役立つテクニカル指標です。この指標は、価格の終値が特定の期間内でどの位置にあるかを示すことで、価格の勢いやトレンドの転換点をとらえます。

　ストキャスティクスは「％K線」と「％D線」の2つの線から構成されます。**％K線が％D線を上抜くと買いのシグナルです。**上昇トレンドの始まりを示していて、価格が上昇する可能性があります。逆に、％K線が％D線を下抜くと売りのシグナルです。下降トレンドの始まりを示していて、価格が下落する可能性があります。

80以上で買われすぎ、20以下で売られすぎ

　ストキャスティクスのもうひとつの重要な機能は、買われすぎと売られすぎのゾーンを識別することです。**80以上の値を示すときは買われすぎの状態と見なされ、20以下の値を示すときは売られすぎの状態と見なされます。**

　買われすぎゾーンでの％K線と％D線の交差は、価格がピークに達し、反転する可能性があることを示しており、売られすぎゾーンでの交差は、価格が底を打ち、反発する可能性があることを示しています。

☑Check!   **80％以上で％K線が％D線を下抜けると強い売りサイン、20％以下で％K線が％D線を上抜けると強い買いサインになる。**

【EUR ／ USD】

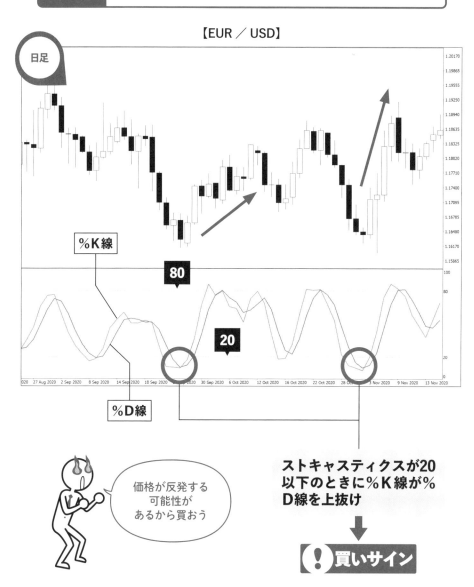

日足

%K線

80

20

%D線

価格が反発する
可能性が
あるから買おう

ストキャスティクスが20
以下のときに％K線が％
D線を上抜け

↓

（！）買いサイン

プロのアドバイス

％K線が％D線を上抜いたら買い、％K線が％D線を下抜
いたら売りと考えましょう

第**6**章 テクニカル指標を使った値動きの分析

ストキャスティクス②
ダイバージェンス

ストキャスティクスでも、RSIと同様にダイバージェンスが発生します。トレンドが加熱しているときは、ストキャスティクスの向きに注目しましょう。

価格とストキャスティクスの方向感の違いに注目

ストキャスティクスのダイバージェンスは、価格の動きとストキャスティクスの動きが一致しない状況を指し、トレンド転換が近いことを示します。

ストキャスティクスのダイバージェンスには、強気のダイバージェンスと弱気のダイバージェンスがあります。**強気のダイバージェンスは、価格が安値を切り下げているにもかかわらず、ストキャスティクスが切り上げる場合に発生します。**このような場合、下降トレンドの勢いが弱まり、価格が上昇に転じる可能性があります。

一方で、弱気のダイバージェンスは価格が高値を切り上げているにも関わらず、ストキャスティクスが切り下げる場合に発生します。これは、上昇トレンドの勢いが弱まり、価格が下降に転じる可能性があります。

なお、ストキャスティクスのダイバージェンスを取引戦略に組み込む際は、「ダイバージェンスの発生自体がエントリーを意味するものではない」ことに注意し、トレンド転換の前兆として理解するようにしましょう。したがって、**ダイバージェンスのシグナルにもとづいてポジションを持つ前に、ほかのテクニカル指標やサポート・レジスタンスの水準を確認することが大切です。**また、ダイバージェンスが発生した後で再びトレンド方向に価格が大きく動く場合もあるので、損切りの設定も非常に重要です。

プラスα ▶ **ストキャスティクスのダイバージェンスを発見したときは、2本のラインのクロスをエントリーの目安として利用できる。**

【USD ／ JPY】

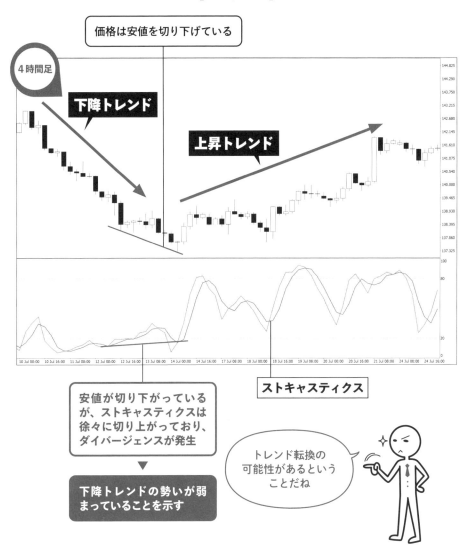

価格は安値を切り下げている

4時間足

下降トレンド

上昇トレンド

安値が切り下がっている
が、ストキャスティクスは
徐々に切り上がっており、
ダイバージェンスが発生

▼

下降トレンドの勢いが弱
まっていることを示す

ストキャスティクス

トレンド転換の
可能性があるという
ことだね

第6章 テクニカル指標を使った値動きの分析

プロのアドバイス

ストキャスティクスでダイバージェンスが発生したら、ト
レンドの転換を狙ってエントリーしましょう

RCI①
過熱感とトレンドを分析

RSIよりも滑らかな動きをするRCIは、相場の過熱感とトレンドの有無の両方の分析に使えるテクニカル指標です。

トレンドの分析もできるオシレーター

　RCI（Rank Correlation Index、順位相関指数）は、価格の動きからトレンドの強さや方向性を測定するテクニカル指標です。特定の期間内での価格変動の順位をもとに算出され、トレンドの存在や転換点を捉えるのに役立ちます。

　RCIの値は、－100から＋100の範囲で動き、その値によって相場の状況を読み解くことができます。**RCIが＋100に近付くほど、市場は強い上昇トレンドが存在し、反対に－100に近付くほど、強い下降トレンドが存在していると考えられます。**RCIが0の周辺にある場合、市場には明確なトレンドが存在しないか、あるいはトレンドが転換する可能性があります。

高値圏・安値圏の張り付きから戻る動きを狙う

　RCIが＋100や－100付近に張り付いた後で方向転換する動きを見せた場合は、上昇や下落の勢いが弱まり、トレンドが転換する合図です。このような場合、価格の反転を狙った逆張り方向へのエントリーの目安となります。RCIを用いた分析をするときは、RCIの値だけでなく、その変化の速度や方向、そしてほかのテクニカル指標やチャートパターンとの関連性も考慮することが重要です。ほかの分析手法と組み合わせることで、より効果的なエントリーの判断ができます。

☑Check!　RCIの高値（安値）圏での張り付きは強いトレンドを示し、そこからの転換は、価格の勢いが一服したと考えられる。

【USD ／ JPY】

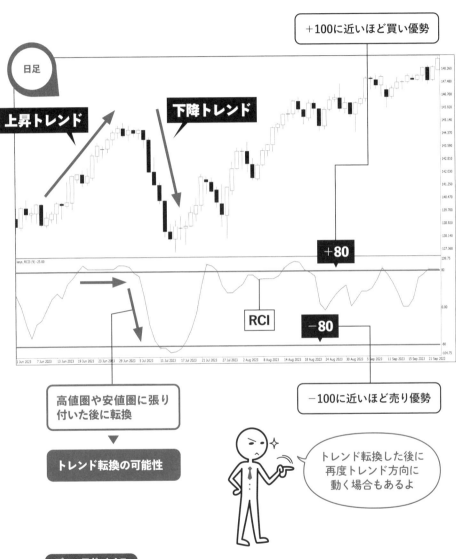

+100に近いほど買い優勢

日足

上昇トレンド

下降トレンド

+80

RCI

−80

高値圏や安値圏に張り
付いた後に転換

▼

トレンド転換の可能性

−100に近いほど売り優勢

トレンド転換した後に
再度トレンド方向に
動く場合もあるよ

プロのアドバイス

RCIの「張り付き」の状態が続くときは、その後の反転でトレンドの初動を押さえるチャンスです

第**6**章 テクニカル指標を使った値動きの分析

RCI②
複数線の表示

RCIは2本以上表示することで、より詳細な分析が可能になります。短期線と長期線のクロスは相場の転換点を示す重要なサインとなることがあります。

高値圏や安値圏でのクロスが売買のシグナル

　異なる期間を設定したRCIを同時にチャートに適用することで、トレンドの有無や転換点を詳しく把握できます。複数のRCIを同時に表示すると、それぞれのRCIが異なる期間の動きを反映して、トレンドやダイバージェンスの特定に役立ちます。

　分析の際、まずは各RCIの値に注目します。+100や-100に近付くほど、それぞれの期間におけるトレンドが強いことを示します。すべてのRCIが高い値を示している場合は強い上昇トレンド、反対にすべてのRCIが低い値を示している場合は強い下降トレンドが存在すると考えられます。

**　RCIが-80以下で短期線が長期線を上抜けるゴールデンクロスが発生した場合は買いサイン、RCIが+80以上で短期線が長期線を下抜けるデッドクロスが発生した場合は売りサインです。**

RCIのダイバージェンスにも注目

　加えて重要なのは、これらのRCI間で見られるダイバージェンスです。**短期のRCIが高値を切り上げる一方で、長期のRCIが高値を切り下げるときは、上昇が弱まり下降トレンドに転換する可能性があります。**同様に、短期のRCIが安値を切り下げる一方で、長期のRCIが安値を切り上げるときは、下落が弱まり、上昇トレンドに転換する可能性があります。

☑Check!　　**長期線が上下どちらかに張り付いて短期線だけが動いているときは、トレンド継続中の押し目や戻りと考えられる。**

【USD ／ JPY】

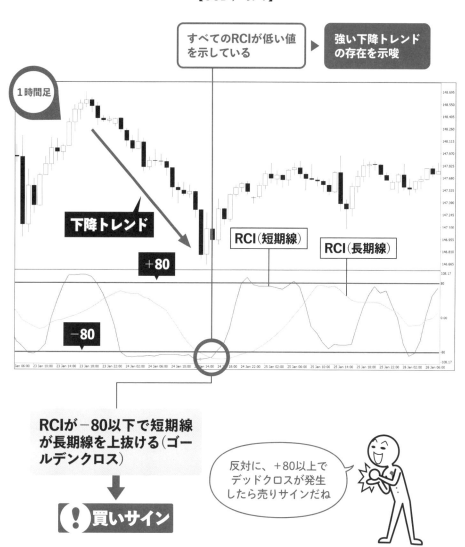

すべてのRCIが低い値を示している ▶ 強い下降トレンドの存在を示唆

1時間足

下降トレンド

＋80

－80

RCI（短期線）

RCI（長期線）

RCIが－80以下で短期線が長期線を上抜ける（ゴールデンクロス）

⬇

（！）買いサイン

反対に、＋80以上でデッドクロスが発生したら売りサインだね

プロのアドバイス

基本戦略は「－80％付近でゴールデンクロスすれば買い」「＋80％付近でデッドクロスしたら売り」です

第**6**章 テクニカル指標を使った値動きの分析

トレンドを可視化する DMI

DMIは3本のラインで構成されるオシレーター系のテクニカル指標です。トレンドの有無と強さを分析できます。

3本のラインでトレンドの方向感と強さを確認

DMI（Directional Movement Index）は、市場のトレンドの方向性を掴むために使用されるテクニカル指標です。DMIは、＋DI（プラス・ディレクショナル・インディケーター）、－DI（マイナス・ディレクショナル・インディケーター）、そしてADX（Average Directional Index）という3つの異なる指標から構成されています。

取引で利用する際は、まず＋DIと－DIの関係を観察します。＋DIが－DIよりも上に位置する場合、市場は上昇トレンドにあると見なされ、買いエントリーの目安です。反対に、－DIが＋DIよりも上に位置する場合は、市場は下降トレンドにあると見なされ、売りエントリーの目安です。

次に、ADXを利用してトレンドの強度を評価します。ADXの値が高い（通常は25以上）場合は明確なトレンドが存在しており、順張り戦略が有効と考えられます。ADXの値が低い（20以下など）場合、方向性を欠いているか、トレンドが弱いと見なされ、取引はより慎重に行うべきです。

DMIを使った分析では、これらの指標が提供する情報を組み合わせて、トレンドの方向と強さを総合的に評価します。まとめると、**＋DIと－DIのゴールデンクロスとデッドクロスは、トレンドの変化を示唆するサインとして利用でき、ADXのレベルはそのトレンドの強さを裏付けます。**

用語解説

J・W・ワイルダー　1935年生まれのアメリカのテクニカルトレーダー。市場調査会社を設立し、RSIやDMI、パラボリックなど多くのテクニカル指標を考案した。

パターン88 DMIでトレンドを可視化

【USD／JPY】

- ＋DIと－DIがゴールデンクロスして、ADXが上昇している ▶ 上昇トレンドへの転換を示唆
- 15分足
- 上昇トレンド
- ADX
- ＋DI
- －DI
- DMI

＋DIが－DIよりも上に位置しているから、上昇トレンドだ

❗買いサイン

ADXの値が高い

明確なトレンドが存在していることを示唆

トレンドに従った取引戦略が有効

プロのアドバイス

＋DIと－DIの「クロス」とADXの「上昇」を観察のポイントとして、トレンドの方向感と強さを掴みましょう

MACD①
基本の構造

MACDは移動平均線から派生したテクニカル指標で、MACDライン、シグナル、ヒストグラムの3つの要素から構成されます。

移動平均線をもとに考案されたテクニカル指標

　MACD（Moving Average Convergence Divergence）は、短期と長期の移動平均線の関係をもとにしたテクニカル指標で、相場のトレンドと勢いを把握するのに使われます。この指標は、特にトレンドの方向性を確認し、トレンドの変化をとらえるのに役立ちます。

　MACDはMACDライン、シグナル、そしてヒストグラムの3つの要素から構成されます。 MACDラインは、一般的には期間12のEMA（指数平滑移動平均線）から期間26のEMAを引いた値で計算されます。この差からトレンドの方向性と強さを示します。シグナルはMACDラインの期間9のEMAで、MACDラインの平均化を行い、エントリーの目安として機能します。

MACDラインとシグナルの差に注目

　ヒストグラムはMACDラインとシグナルの差を表し、これら2つのラインの関係性と市場の勢いを視覚的に示します。ヒストグラムの動きも重要で、**ヒストグラムが0ラインから離れるほど、トレンドの勢いが強いことを意味します。** ヒストグラムが0ラインを越えて上昇するときはトレンドが強気であることを示し、反対に0ラインを下回って下降するときは弱気のトレンドを示します。

☑Check!　MACDは値動きに敏感なEMAを使用しているため、単純移動平均線と比較してトレンドの初動をいち早く捉えることができる。

【USD ／ JPY】

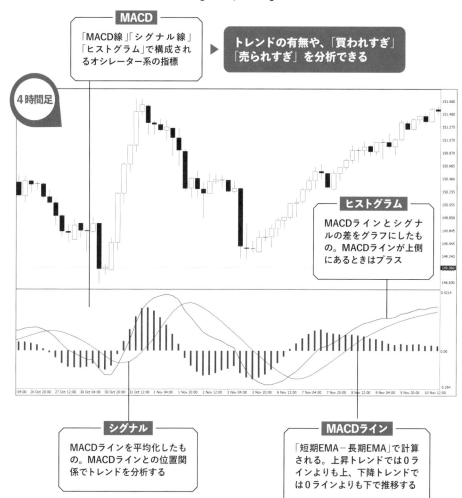

MACD

「MACD線」「シグナル線」「ヒストグラム」で構成されるオシレーター系の指標

▶ トレンドの有無や、「買われすぎ」「売られすぎ」を分析できる

4時間足

ヒストグラム

MACDラインとシグナルの差をグラフにしたもの。MACDラインが上側にあるときはプラス

シグナル

MACDラインを平均化したもの。MACDラインとの位置関係でトレンドを分析する

MACDライン

「短期EMA－長期EMA」で計算される。上昇トレンドでは0ラインよりも上、下降トレンドでは0ラインよりも下で推移する

第6章 テクニカル指標を使った値動きの分析

プロのアドバイス

MACDはトレンドが発生するときに有効です。レンジ相場のときにはダマシが多くなるので注意しましょう

MACD②
0ライン抜け

MACDラインが0ラインを抜けるとトレンドの転換サインです。上に抜ければ上昇トレンド、下に抜ければ下降トレンドとなります。

MACDラインが0ラインの上下どちらにあるか確認

　MACDの0ラインは価格が中立な状態を表し、このラインを基準としてトレンドを評価できます。MACDラインが0ラインより上にある場合、チャートが上昇トレンドにあることを示しています。この状況は、短期EMAが長期EMAよりも高いことを意味し、市場の勢いが強いことを表します。反対に、MACDラインが0ラインより下にある場合、下降トレンドにあることを示し、短期EMAが長期EMAよりも低い状態です。

　MACDラインが0ラインを上抜くと、下降トレンドから上昇トレンドへの転換を示唆する強気のサインと見なされ、買いの目安です。 反対に、MACDラインが0ラインを下抜くと、上昇トレンドから下降トレンドへの転換を示唆する弱気のサインと見なされ、売りの目安です。

方向感がないとMACDラインが0ラインの周辺に張り付く

　0ラインの周辺でのMACDラインの動きから、価格の勢いやトレンドの強さを評価できます。

　MACDが0ラインを中心に小さな幅で動く場合、これは市場が方向性を見失っているか、トレンドが弱いことを示します。 そのため、MACDの0ラインはトレンドの分析やトレード戦略を考える上で、大いに参考となります。

プラスα　**0ラインに対してMACDラインが上下どちらにあるかが、トレンドを判断するうえで基本的な考え方となる。**

パターン**90** MACDの0ライン抜け

【USD／JPY】

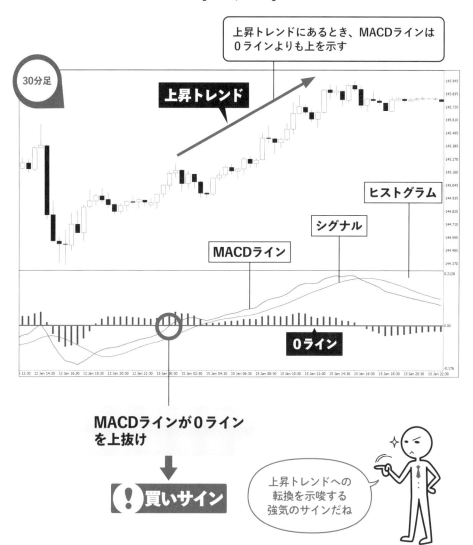

上昇トレンドにあるとき、MACDラインは
0ラインよりも上を示す

30分足

上昇トレンド

ヒストグラム

シグナル

MACDライン

0ライン

**MACDラインが0ライン
を上抜け**

↓

(!) 買いサイン

上昇トレンドへの
転換を示唆する
強気のサインだね

プロのアドバイス

**安値圏で0ラインの下側にあるMACDラインが0ライン
に近付いてきたら、トレンド転換に注目しましょう**

第**6**章 テクニカル指標を使った値動きの分析

MACD③
2本のラインのクロス

MACDの2本のラインのゴールデンクロス、デッドクロスは相場の底打ちやトレンドの転換点であり、エントリーのサインとなります。

MACDラインが先に動き、シグナルは追従する

MACDの2本のライン、つまりMACDラインとシグナルのクロスは、市場のトレンド変化を教えてくれる重要なサインです。

MACDラインがシグナルを上抜くと買いの目安です。市場が強気に転じる可能性を示します。この場合、短期的な勢いが増加し、市場が上昇トレンドに向かっていることを示唆しています。反対に、MACDラインがシグナルを下抜くと売りの目安です。市場が弱気に転じる可能性を示します。このクロスは、短期的な勢いが減速し、長期的なトレンドに対して下降圧力が強まっていることを示しています。

クロスは0ラインとの位置関係が重要

これらのクロスは特に、MACDラインとシグナルが0ラインの近くで交差する場合に重要性を増します。**0ラインは市場のトレンドが中立的であるポイントを示しており、この近くでのクロスは新たなトレンドの始まりを示す場合があります。**

MACDラインとシグナルのクロスをトレードの判断基準として利用する際には、ほかのテクニカル指標やチャート分析と組み合わせて使用しましょう。例えば、トレンドラインやサポートとレジスタンスの水準もあわせて考慮することで、より正確な判断ができます。

プラスα　**MACDラインとシグナルの位置関係を表したものがヒストグラムなので、ヒストグラムの反転はこの2つのラインのクロスと同じ意味合い。**

【USD ／ JPY】

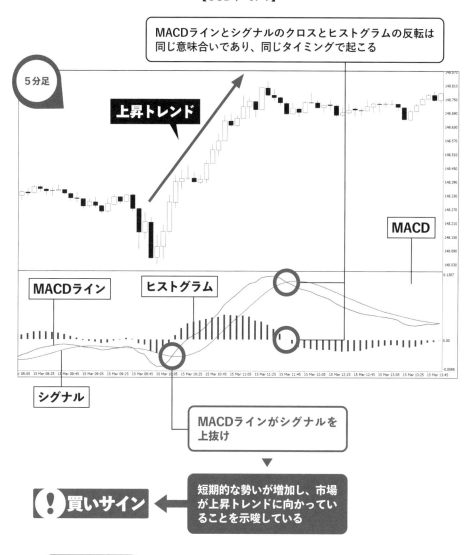

MACDラインとシグナルのクロスとヒストグラムの反転は
同じ意味合いであり、同じタイミングで起こる

5分足

上昇トレンド

MACD

MACDライン

ヒストグラム

シグナル

MACDラインがシグナルを
上抜け

▼

短期的な勢いが増加し、市場
が上昇トレンドに向かってい
ることを示唆している

(!) 買いサイン ◀

第**6**章 テクニカル指標を使った値動きの分析

プロのアドバイス

**MACDラインとシグナルのクロスが0ラインの近くで生
じた場合、特に重要性が高くなります**

時間の概念を排除した ポイント&フィギュア

ポイント&フィギュアは、時間の経過にとらわれずに価格の動きだけに注目して分析するツールです。相場のノイズを無視して大きな値動きを捉えます。

価格が上昇すれば×、下降すれば○を記入

　ポイント&フィギュア（Point and Figure、P&F）は、価格の変動を簡潔に表現するために設計されたテクニカル分析ツールです。時間の経過に関係なく、価格の動きのみを追跡します。価格の小さな変動を無視し、重要な価格変動のみを把握することに焦点を当てるのが大きな特徴です。

　ポイント&フィギュアチャートでは、価格が上昇するとき「×」を、価格が下降するとき「○」を使って表現します。チャートを描く際には、事前に設定された価格の変動幅に達した場合のみ、新しい「×」または「○」を追加します。これにより、価格の大きなトレンドが強調されて、小さな変動は無視されるため、チャートの重要な動きに集中できます。

　さらに、価格が逆方向に動き始めると新しい列が始まりますが、これは価格が設定された距離を超えた場合にのみ発生します。これにより、ポイント&フィギュアは価格の方向性の変化を明確に示すことができます。

　ポイント&フィギュアを利用する主な利点は、その単純さと明快さにあります。チャートは価格のみにもとづいているため、トレンド、サポートとレジスタンスレベル、ブレイクアウトなどの市場の重要な特徴を素早く識別するのに役立ちます。また、**時間要素を排除することで、価格の動きにのみ焦点を当てることができ、ノイズを気にせずに長期的なトレンドの分析が可能になります。**

プラスα　**P&Fの変動幅は、25pips、50pipsなどキリのよい数字とするのが一般的。参照する通貨ペアや時間足に合わせて調整する。**

【USD ／ JPY】

ローソク足単体では値動きがほぼ横ばいで、傾向を把握しにくい

日足

上昇トレンド

ポイント&フィギュア

一定の値幅上昇したら×、下降したら○を記入する。同じ値動きが3マス以上続かない場合は記入せず、値動きが反転したら次の列に記入する

時間の経過は考慮しないため、ローソク足チャートとは形状が一致しないよ

横ばいの状態は反映されないため、トレンドを把握しやすい

プロのアドバイス

ポイント&フィギュアを使うと重要な価格変動のみを把握することができ、長期的なトレンドの分析に役立ちます

特殊な4本値を使う
平均足

平均足はローソク足の4本値にもとづいて計算された特殊なチャートです。大きなトレンドの発生時には陽線や陰線が連続して出現します。

大局的な値動きを把握しやすいチャート形式

　平均足は、株式やFXなどの金融市場分析において使用されるチャートの一種で、日本発祥のテクニカル分析ツールとして知られています。価格の動きを滑らかにし、市場のトレンドをより明確にとらえることを目的としています。平均足チャートでは、始値、終値、高値、安値の4つの要素を使用しますが、従来のローソク足チャートと異なり、これらの価格を特定の計算方法で平均化して描きます。

　平均足の特徴は、価格の変動を平滑化することにより、小さな価格変動を無視して大きなトレンドを捉えやすくする点にあります。これにより、トレーダーは市場のノイズを無視して、本質的な価格動向に集中することができます。平均足チャートにおける一本一本の足は、市場の勢いや方向性を示すため、連続する足の色や形がトレンドの強さや転換点を視覚的に捉えるのに役立ちます。

　例えば、平均足チャートにおいて連続する赤い足が現れた場合、これは下降トレンドを示しており、価格が下落していることを意味します。反対に、青い足が連続して現れる場合は、上昇トレンドを示し、価格が上昇していることを示唆します。**トレンドの転換点は、足の色が変わることによって示されることが多く、この情報を利用してエントリーや決済のタイミングを判断することができます。**

☑Check!　平均足は4本値の始値に「前の足の始値と終値の平均値」を使用して、終値には「4本値の平均値」を使用している。

パターン93 平均足でトレンドを掴む

【USD／JPY】

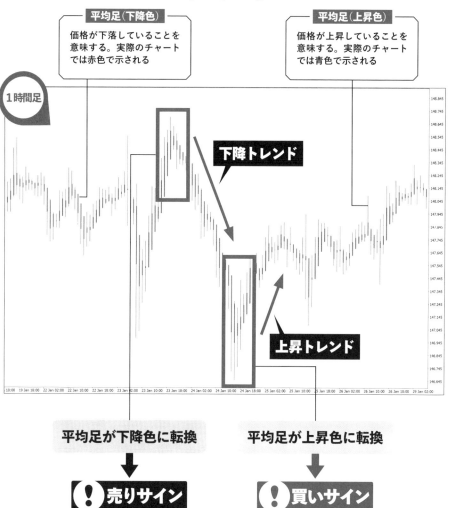

平均足（下降色）
価格が下落していることを意味する。実際のチャートでは赤色で示される

平均足（上昇色）
価格が上昇していることを意味する。実際のチャートでは青色で示される

1時間足

下降トレンド

上昇トレンド

平均足が下降色に転換 → (!)売りサイン

平均足が上昇色に転換 → (!)買いサイン

第6章 テクニカル指標を使った値動きの分析

プロのアドバイス

赤い足は価格の下落、青い足は価格の上昇を表しており、通常のローソク足よりも相場の方向性を捉えやすいです

フィボナッチ①
リトレースメント

フィボナッチ比率を利用して、直近の値動きから将来のサポートやレジスタンスを予測する分析方法です。

エントリーや利益確定の目安として使う

フィボナッチリトレースメントは、価格の動きが特定の比率で反転するというフィボナッチ数列の原理にもとづいた分析方法です。

具体的には、**価格がトレンド方向に動いた後、その動きを一定の比率で戻す（リトレースする）ことが多いとされているため、その比率を利用して将来のサポートやレジスタンスレベルを予測します。**

リトレースメントを描く際には、まず意識される重要な高値と安値を特定します。これらのポイントを結んで線を引くと、その線を基準にフィボナッチの比率に相当するレベルがチャート上に表示されます。**一般的に使用される比率は、23.6%、38.2%、50%、61.8%です**。これらの比率を利用して押し目や戻りを予測したり、トレンドの強さを評価できます。

フィボナッチリトレースメントを取引に活用するには、これらの比率レベルを将来のサポートやレジスタンスとして解釈することです。価格がこれらのレベルに近付くと、価格が反転する可能性が高まります。

例えば、価格が上昇トレンドにある場合、フィボナッチの比率レベルは潜在的なサポートとして機能し、価格がこれらのレベルに達した後に再び上昇する可能性があります。反対に、下降トレンドの場合は、これらのレベルがレジスタンスとして機能し、価格の上昇が一時的に止まるか反転する可能性があります。

用語解説
フィボナッチ比率　フィボナッチ数列において、ある数をひとつ上の数で割ると約0.618に、2つ上の数で割ると約0.382となる。この比率のこと。

【USD ／ JPY】

フィボナッチ・リトレースメント

フィボナッチ比率をもとにした指標で、高値や安値を基準に38.2％と61.8％などの価格に線を引く手法

▶ トレンドの発声中にどれくらい戻すかの目安になる

30分足

直近の高値

38.2％

下降トレンド

直近の安値

下降トレンドの途中で38.2％の線に触れたことで一時的な底として意識される

トレンドの発生中に価格がどれくらい戻すのかの目安になるね

第6章　テクニカル指標を使った値動きの分析

プロのアドバイス

トレンド発生中は、リトレースメントをトレンド内の支持線や抵抗線として指標にしましょう

フィボナッチ②
エクスパンション

直近の値動きから、トレンドの伸び幅を予測する分析方法です。トレンド方向にエントリーした後の利益確定の目標として使われます。

将来の目標価格を直近の値動きから予測

　フィボナッチエクスパンションは、価格の将来的な目標を予測するために使用されるテクニカル分析ツールです。

　フィボナッチエクスパンションを利用する際には、**まず重要な価格の始点（A）、終点（B）、そしてリトレースメントとなる押し目や戻り（C）をチャート上で特定します**。これら3点をもとにして、価格が到達する可能性のある未来のレベル（D）を計算します。計算の際は、フィボナッチ数列にもとづく特定の比率を用います。

押し目買いや戻り売りの利益確定に使う

　フィボナッチエクスパンションはトレンドフォロー戦略における利益確定のターゲット設定に有効です。AからBにかけての価格の動きをもとにして、C点での反転後に価格がどこまで拡張するかを予測します。**一般的に使用されるフィボナッチの拡張レベルは61.8%、127.2%、161.8%です**。これらは価格が反転後に達する可能性のある目標レベルを示します。

　フィボナッチエクスパンションを使用する際は、意識される重要な高値と安値を正確に識別した上で、分析することが大切です。これによって導かれた水準を将来のサポートやレジスタンスレベルとして利用し、エントリーやエグジットの戦略を立てることができます。

☑Check!　**節目となる重要なサポートやレジスタンスがなくても、フィボナッチエクスパンションがあれば強いトレンドがどこまで続くかわかる。**

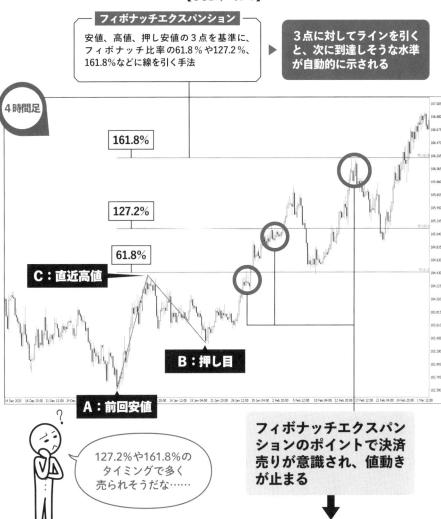

パターン**95** フィボナッチエクスパンションの例

【USD ／ JPY】

フィボナッチエクスパンション

安値、高値、押し安値の３点を基準に、フィボナッチ比率の61.8％や127.2％、161.8％などに線を引く手法

▶ 3点に対してラインを引くと、次に到達しそうな水準が自動的に示される

4時間足

161.8%

127.2%

61.8%

C：直近高値

B：押し目

A：前回安値

127.2%や161.8%のタイミングで多く売られそうだな……

フィボナッチエクスパンションのポイントで決済売りが意識され、値動きが止まる

【！】売りサイン

プロのアドバイス

トレンドの動きの予想では、直近の高値と安値、前回の安値からの数値でラインを引いて伸び幅を把握しましょう

第**6**章 テクニカル指標を使った値動きの分析

FX会社を選ぶ際の2つのポイント

安全にトレードできるかを重視する

　トレードを行うには、まず口座開設から始まります。多くのFX会社では、新規ユーザー獲得のために「口座開設で〇円キャッシュバック」といったキャンペーンなどを展開していますが、最も重要なことは「安心して取引を行うことができるか」という点です。投資詐欺に遭わないためにも、次の2つのポイントを重視しましょう。

　①金融庁から認可を受けているか。日本の居住者に対してサービスを提供しているFX会社は、金融庁の認可を受けることが義務づけられています。なかには無認可のFX会社で取引していた場合で、「出金できない」といったトラブルも多数報告されています。口座開設の際には認可を受けているかどうか、必ずチェックしましょう。

　また、金融庁の認可を受けているFX会社は信託保全が義務づけられているため、その点でも認可の確認は必須です。信託保全がなされていると、仮に証拠金を預けている間にFX会社が倒産してしまった場合にも、自分の証拠金を全額返してもらえます。

　②FX会社の経営状態が健全か。これを確認するためには、「自己資本規制比率」が目安になります。これはFX会社がどの程度リスクに耐えることができるかを示す数値で、高ければ高いほど健全です。目安は200％以上のFX会社が望ましいです。

　これらの条件を満たしたFX会社のなかから、自分の求める要素や＋αのサービス提供しているFX会社を選ぶとよいでしょう。

状況別分析

状況ごとの
チャートパターン

時間帯や経済指標の発表などの要因によって、チャートは大きな
変化を見せます。第7章では、そういった特徴的な状況と値動きを
紹介します。

Keywords

●時間帯

●アノマリー

●指標発表

●MTF分析

マーケットごとの値動きの特徴

FXは時間帯による値動きのクセがあります。それぞれのマーケット（市場）の特徴を理解して取引に活かしましょう。

東京時間は安定したレンジで推移しやすい

FX市場は、世界中で24時間取引されており、時間帯ごとに特徴的な値動きがあります。この性質を理解することで、トレーダーはより効果的な取引戦略を立てることができます。特に短期取引では**各市場の値動きの特徴を理解することは、トレーディング戦略を立てる上で非常に重要です。**

東京市場（日本時間9〜17時）はアジアの取引の中心であり、このセッションは比較的安定して価格が推移します。アジア市場全体の取引量はほかの市場に比べると小さいため、値動きは比較的小さく、狭いレンジ内での取引も多く見られます。

ロンドン〜ニューヨーク市場は値幅が大きくなる

ロンドン市場（日本時間16〜翌2時）は、FX取引における最大の取引量を誇り、世界の主要通貨ペアに対して大きな動きが見られることが多いです。この市場が開いている時間帯は、流動性が高く、価格変動が大きいため、トレンドが形成されやすくなります。

ニューヨーク市場（日本時間21〜翌6時）も、アメリカの経済ニュースや政策金利発表の影響を受けやすいため、大きな値動きが見られます。**ロンドンセッションとニューヨークセッションが重なる時間帯（日本時間21〜翌2時）は、特に高い流動性と価格の変動が見られます。**

✅Check! **市場によって値動きの特徴が異なる。各市場の動きに合わせて取引戦略を調整し、リスク管理を徹底することが重要。**

より安定した取引を好むトレーダーは、東京市場の狭いレンジの動きを利用

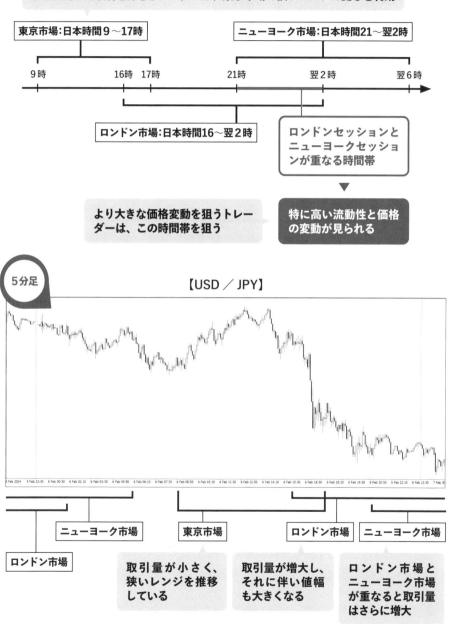

東京市場：日本時間9〜17時

ニューヨーク市場：日本時間21〜翌2時

9時　　　　　　16時　17時　　　　21時　　　　　翌2時　　　　　翌6時

ロンドン市場：日本時間16〜翌2時

ロンドンセッションと
ニューヨークセッショ
ンが重なる時間帯

▼

より大きな価格変動を狙うトレー
ダーは、この時間帯を狙う

特に高い流動性と価格
の変動が見られる

5分足

【USD ／ JPY】

5 Feb 2024 5 Feb 23:30 6 Feb 00:50 6 Feb 02:10 6 Feb 03:30 6 Feb 04:50 6 Feb 06:10 6 Feb 07:30 6 Feb 08:50 6 Feb 10:10 6 Feb 11:30 6 Feb 12:50 6 Feb 14:10 6 Feb 15:30 6 Feb 16:50 6 Feb 18:10 6 Feb 19:30 6 Feb 20:50 6 Feb 22:10 6 Feb 23:30 7 Feb 00

ニューヨーク市場

東京市場

ロンドン市場

ニューヨーク市場

ロンドン市場

取引量が小さく、
狭いレンジを推移
している

取引量が増大し、
それに伴い値幅
も大きくなる

ロンドン市場と
ニューヨーク市場
が重なると取引量
はさらに増大

第**7**章　状況ごとのチャートパターン

237

アノマリーを利用したトレード

通貨ペアや時間帯によっては、経験則的に価格が特定のパターンに従って動く傾向があるため、トレードで利益を出すチャンスです。

アノマリーとは特定の価格パターンのこと

　　FXにおけるアノマリー（異常現象）とは、特定のパターン、時期、またはイベントにより根拠がないのに特定の値動きとなるものを指します。これらは統計的歴史的データにもとづいており、特徴的なパターンが見られます。普段とは異なる特定の値動きを事前に予測できることが多いためアノマリーを利用してトレードで利益を出せる可能性があります。

　　アノマリーとして特に注目されるのは、ドル円の「仲値」や「ロンドンフィキシング」といった、特定の時間帯の値動きです。これらの時間帯は、多くの企業や金融機関が為替レートの基準として利用する価格となるため、市場における需要と供給が急激に変動し、短期間で価格が動きやすくなります。

　　特に日本の銀行間で決定される東京時間の仲値（日本時間午前9時55分ごろ）ではドル円の価格が上昇しやすいことが知られており、とりわけ「ゴトー日」と呼ばれる5の倍数の日付（5日、10日、15日、20日、25日、30日）には、この傾向がより強まります。

　　こうしたアノマリーを利用する際には、それらが過去のデータのクセなので、市場状況の変化によって効力を失う可能性がある点に注意が必要です。アノマリーに依存するだけではなく、全体的な市場分析やテクニカル分析を組み合わせることが大切です。

用語解説

ロンドンフィックス　　ロンドン市場で毎日行われる仲値に相当するタイミング。日本時間では午前1時（夏時間は午前0時）に行われる。

パターン97 アノマリーによる価格動向の例

【USD ／ JPY】

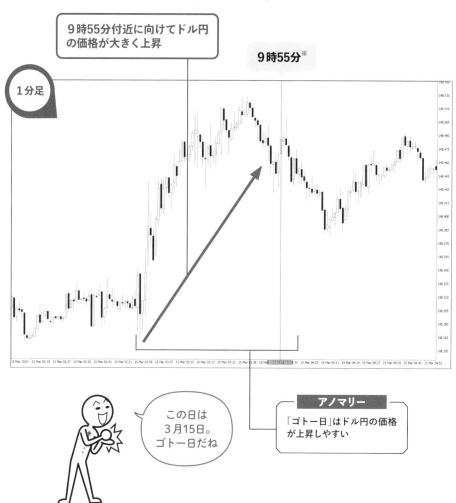

9時55分付近に向けてドル円の価格が大きく上昇

9時55分※

1分足

この日は3月15日。ゴトー日だね

アノマリー

「ゴトー日」はドル円の価格が上昇しやすい

※チャートに記載の時刻は米国の現地時間で、日本時間では9時55分となる

プロのアドバイス

アノマリーを活用することで、普段とは異なる特定の値動きを事前に予測することができます

第**7**章

状況ごとのチャートパターン

欧米や日本の祝祭日の値動きに注意する

チャートは投資家の心理などを反映すると同時に、経済活動などの状況も反映します。各国の祝祭日にも留意しましょう。

感謝祭や復活祭の日は取引が減る

為替は世界中の人が取引に参加しています。国ごとの状況を知っておいて、取引に活かすとよいでしょう。

まず、挙げられるのが各国の祝日です。土曜日、日曜日は多くの国で休日となるわけですが（そもそも為替市場も休みですが）、祝日は国ごとに異なるため、把握しておきましょう。**祝日は取引する人が減るため、流動性が低下し、値動きが小さくなる傾向があります。**

例えば、アメリカにおいて「サンクスギビング（感謝祭）」や「イースター（復活祭）」そして「クリスマス」は、日本の正月やお盆のようにとても大切な行事で、数日から1週間程度休みます。そのため、**多くのアメリカ人投資家たちが休暇入りする前にポジションを閉じる傾向にあるため、トレンドと反対の動きをする**ケースが見られます。

サンクスギビングは11月の第4木曜日、イースターは少々複雑ですが春分の日の後の最初の満月の次の日曜日で、例年4月前後となります。

ゴールデンウイークには円買いが発生する傾向

一方、ゴールデンウイークやお盆といった日本の連休では、比較的大きな円買いが発生するケースがみられます。日本勢のいない時期に海外勢がしかけている場合もあります。

プラスα **アメリカの祝日は年間で11日。多くは月曜日に設けられており、3連休となるようになっている。**

パターン98 連休中は値動きが小さくなる

【USD ／ JPY】

日足

ポジション調整

元の方向へ

152
150
148
146
144
142
140
138
136
134
132

10月　11月　12月　2024　2月　3月

クリスマス（2023年12月25日）前後の動き。
いったん戻して値動きがなくなる

取引を
いったん終えて、
ゆっくり休もう

プロのアドバイス

**市場参加者が少ない祝日前後を狙って仕掛けるヘッジファ
ンドがあり、相場が大きく動く場合がある**

第**7**章　状況ごとのチャートパターン

指標発表時の値動き

重要な経済指標の発表時には、関連する通貨ペアの価格が大きく動く場合があるため、無理なトレードは控えましょう。

予期せぬ大きな価格変動に要注意

多くの主要な通貨ペアでは、経済指標の発表時には通常よりも大きな価格の動きが見られます。これは、市場参加者が発表されたデータをもとにして、通貨ペアの価値が変わると予想するからです。特に、**事前の市場予測と実際の発表内容が異なる場合、その差異に反応して急激に上下する場合があります**。重要な指標が出る直前には、様子を見ようとする人も多く、流動性が一時的に落ちることもあります。

経済指標の発表は、通貨の価格に直接影響を与えるため、市場のトレンドが変わる重要な瞬間となります。しかし、どの方向に動くかは、発表された内容やその解釈によって左右されます。一般的に、ポジティブな結果が出れば市場のムードも明るくなり価格が上がりやすく、ネガティブな結果が出ればその逆の反応が見られます。

指標発表時のトレードは慎重に行う

経済指標発表時の取引は大きな利益を生むチャンスがありますが、同時に予測が難しくリスクも伴います。**突然の価格変動で思わぬ損失を出す可能性もあるため、無理な売買は控えたほうが安心です**。重要な経済指標はあらかじめ証券会社のアプリやウェブサイトなどで調べて、スケジュールを把握しておきましょう。

用語解説
FOMC政策金利発表 ── 年8回開催される米連邦公開市場委員会（FOMC）による政策金利の決定・発表。金利は為替レートに大きな影響を与えるため、極めて重要。

パターン99　指標発表時の値動きを見る

【USD ／ JPY】

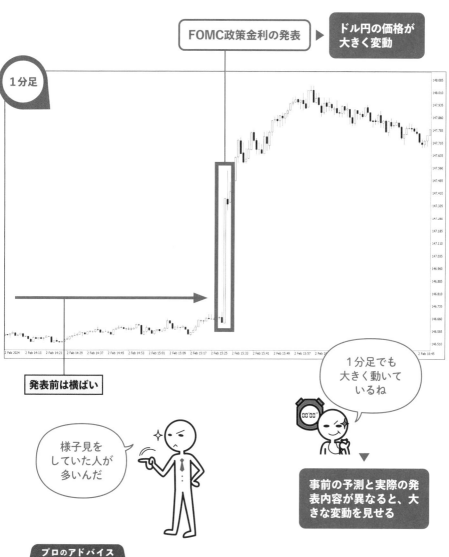

プロのアドバイス

経済指標が発表されるとトレンド転換が起こりやすいですが、どの方向に動くかは、発表内容や解釈で左右されます

上位足の方向感を確認する
マルチタイムフレーム分析

複数の時間足のチャートを同時に見ることで、大きな方向感を把握しつつ、短期足でエントリーや決済のタイミングを探せます。

短期と長期の両方の値動きを確認する

マルチタイムフレーム（MTF）分析は、異なる時間枠のチャートを同時に分析する手法で、FXでは一般的に広く利用されます。この分析の目的は、短期的な価格変動と長期的な市場トレンドの両方を理解することにあり、より正確な値動きの予想を立てることです。

例えば、日足チャートで長期トレンドを確認して、1時間足チャートや15分足チャートでエントリーや決済のポイントを探すなどです。

マルチタイムフレーム分析を利用して、1時間足で大きな方向感をとらえて、5分足でエントリーポイントを探す方法について説明します。右の図を例に見ていきましょう。

まずは上位足にあたる1時間足を表示して、トレンドが出ているか確認します。1月10日の時点では、ローソク足が移動平均線よりも上にあり、高値と安値が切り上がっていて、移動平均線も上向きで、上昇トレンドが発生していると判断できます。

次に、下位足にあたる5分足を表示して、買いでエントリーできる場所を探します。ここでは高値と安値が切り上がり、直近の2回の高値のレジスタンスをローソク足の終値がブレイクしたところで順張り方向にエントリーしました。長期と短期の方向感がそろったタイミングなので、順張り方向への利益がより期待できるポイントです。

プラスα 長期足でトレンド方向を確認して短期足で押し目や戻りを探す「長期順張り・短期逆張り」のエントリーにもMTF分析は効果的。

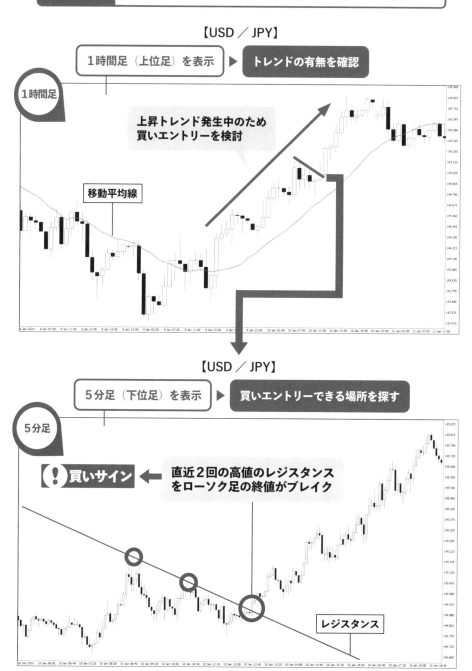

パターン100 マルチタイムフレーム分析を利用したトレード例

【USD ／ JPY】

1時間足（上位足）を表示 ▶ トレンドの有無を確認

1時間足

上昇トレンド発生中のため
買いエントリーを検討

移動平均線

【USD ／ JPY】

5分足（下位足）を表示 ▶ 買いエントリーできる場所を探す

5分足

(!) 買いサイン ◀ 直近2回の高値のレジスタンス
をローソク足の終値がブレイク

レジスタンス

為替レートへの影響力を持つ「経済指標」

　経済指標とは、国の経済状況を統計として表したもので、各国の政府機関や中央銀行が定期的に発表しています。経済指標は各国の景気、物価、雇用などを示し、それぞれの代表的な指標としてGDPや景況感指数、消費者物価指数、雇用統計などが挙げられます。

　経済規模の大きな国における経済指標は為替レートに大きな影響を及ぼしやすく、**ファンダメンタルズ分析**を行う際には、中央銀行の金融政策と並んで重要な指標であるといえます。

具体的な経済指標を確認する

　特に代表的なのは「米国雇用統計」です。米国の労働者の雇用状況を調査した指標で、米労働省が毎月発表しています。この指標の数字がよければ、経済大国である米国の経済拡大につながるため、ドル円が上昇しやすいことが知られています。特に発表直後は、世界中の投資家が注目していることもあって為替レートが乱高下することがあります。

　また、消費者と民間経済の動向を総体的に分析するための指標として、「小売売上高」や「鉱工業生産高」などが有用です。両指標とも経済を全体的に把握するのに適しており、投資家に広く注目されています。

　また、国の今後の景気を分析するものとしては、「景況感指数」も重要です。米国の「消費者信頼感指数」に加え、ドイツの「ZEW景況感指数」や「IFO景況感指数」は注目度が高いです。

　いずれの指標も単体ではなく、前月との比較や指標同士の組み合わせを行って総合的に用いることが重要です。

　ただし、本書で解説している**テクニカル分析**と、これら**ファンダメンタルズ分析**を混同しないようにしましょう。相場分析のアプローチが異なるので、混同すると今後の相場の動きがわからなくなります。

冷静に投資するための メンタルの持ち方

投資に必要なのは、心を揺らさず、ルール通り売買を実行すること。さまざまな要因で価格が変わるFXでは気持ちが揺れがちです。冷静にトレードするための心の持ち方をしっておきましょう。

慌てないトレード習慣をつくる

- ●ひとつひとつの取引に固執しない
  - ➡できる限りはやく損切りする
- ●確実なルールを定める
  - ➡「なんとなく」は禁物
- ●慌てず、じっくり
  - ➡自分の武器をつくり上げよう
- ●メンタルは揺らぐもの
  - ➡そのうえでどう動くか
- ●「タラ・レバ」は後悔ではなく、
  これからの取引に活かす
- ●勝ちにくい相場には手を出さない

ひとつひとつの取引に固執しない

短期投資（売買）において損切りの重要性は高い

　FX初心者の特徴のひとつとして、利益を伸ばせず、損失は拡大させてしまうことが挙げられます。

　早すぎる利確と遅すぎる損切りによる「利小損大」です。自分の取引に確信がないので、利益が乗ると我慢できずに、それが小さなまま利確してしまう。しかし、損が出ると回復を願って損切りできず、その間に大きな損失となってしまう。これが、FX初心者に見られがちな失敗例です。

　どんな商売でも「コスト」はかかります。コストゼロで利益を得ることはできません。損切りはトレードのコストなので、1回の取引ではなく、何度も取引する中で、損失（コスト）も利益のために必要と理解しておきましょう。

利益確定には明確なラインを設ける

　エントリーや損切りに対し、利益確定はそのタイミングがわかりにくいとされています。損失にさえならなければ資産が減ることはないため、明確な目標や条件がなければどこまでも追い求めてしまうからです。

　1回1回の取引の勝ち負けにこだわっていると、売買のタイミングで迷いが生じるなどして、よい結果が得られません。1回の負けを「全体のなかでのひとつの負け」と捉えることができれば、冷静に投資を続けられます。

確実なルールを定める 「なんとなく」は禁物

全勝は不可能と認識する

そもそも、相場がどんなに理屈通りに動いても、すべての取引で100％勝ち続けることは不可能です。利益を出しているプロの投資家、機関投資家やファンドマネージャーでも、全勝することは不可能です。それでも彼らが利益を出しているのは、ひとつひとつの取引ではなく、全体としてプラスにしているからです。つまりプロの投資家ですら、すべてで勝とうとはしていないのです。

売り買いする基準＝ルールを決める

そんな彼らが何を徹底しているのか。それは取引ルールを厳格に定義し、それを忠実に守ることです。プロは思い付きで取引することはなく、根拠を持って取引を行います。データや経験をもとにして、何に従って取引をするのか、それがルールであり、彼らはそれを守ることで利益を上げています。

例えばルールとしては、「含み損が100pipsになったら損切り」「50pips値上がりしたら半分だけ売って利益確定」などです。取引では、こうした条件が満たされたとき、それを徹底的に履行することが重要なのです。自身のメンタルの入る余地を小さくして、無駄な損失を減らす。ルール順守を徹底することは、損失を極力減らし、利益を上げるための最も重要な要素のひとつなのです。

慌てず、じっくり 自分の武器をつくり上げよう

ひとつの「武器」を磨き上げる

　FXでの利益を求めて、上級者の手法をあれこれ真似したくなることがあるかもしれません。しかしそれは、FXの最初の罠でもあるのです。取引スタイルやテクニカルツール、チャートの時間軸などは多種多様であるため、基本的な使い方を知らず、経験がないまま組み合わせると、失敗します。

　そこでまずは、**ひとつの方法だけに絞って取引を重ねる**ことがおすすめです。こうすることでほかの手法に割いている精神的なリソースを集中し、自分の得意な取引パターンとして定着させることができます。ひとつの方法に習熟し、データや経験を集約させることで自信がつき、取引での不確定要素を極力省いて利益を上げることができます。

取引をルーティン化して武器として磨き上げる

　ひとつの取引方法を武器として磨き上げるため、取引に慣れて利益が出てくるまで、半年ぐらいを目安にそれだけを使い続けましょう。

　その際、事前のチャートチェック、エントリーのタイミング、利確と損切りのポイントなど、取引における一連の流れを、明確な根拠とともに記録しておきましょう。後で振り返ったときに改善点を見つけやすくなり、武器をより洗練することができるからです。

　取引のとき、何をどう考え、どういうきっかけがあってエントリーして、決済したのか。これを書き続けていくだけで無根拠の取引を減らして無駄な損失を抑え、戦略を練り上げることができます。

メンタルは揺らぐもの。そのうえでどう動くか

平気で損切りできる〝強靭なメンタル〟は存在しない

　率直にいって、メンタルを鍛えることはできません。いくら投資の経験を重ねても、平気で損切りできる〝強靭なメンタル〟はつくり上げられません。この点は大前提として知っておいてほしい認識です。

　では、メンタルを鍛えられないのであれば、どうするのか。その答えは、「考え方を変える」よりほかありません。例えば、週に1回売買するとすれば、月4回勝負があります。そのうち1回負けても、あと1回負けられる。残り2回で勝てば五分五分だ、という具合に「1回勝負」から考え方を変えるのです。そう考えれば、損切りは「単なる損」ではなく「投資の糧」になります。失敗を活かして、次につなげるのです。

　投資においては「市場から退場しないこと」が最優先されます。つまり、資金がなくなってFXをやめざるを得なくなる状態を避けること。ラッキーで1回勝っても、次に負けが続けば退場を余儀なくされます。そうならないために「次につながるトレードを続ける」ことが重要になります。トレードのPDCAを回し続けるのです。

取引量を減らしてみる

　メンタルが揺れるのは、取引する金額が精神的な許容量を超えているからでもあります。自分のお金を溶かしてしまうことに抵抗のない人はいませんが、それでもつぎ込んだ金額が大きいほど、損切りはしづらくなります。よって、取引量を減らすことを考えてみましょう。自分のメンタルが動揺しない程度のロット数であれば、過度な緊張もなく、冷静に取引することができます。

「タラレバ」は後悔ではなくこれからの取引に活かす

損失が出た後の感情の対処を知る

ここまで述べてきたように、投資で成功するためには、いかに感情を排して自分で決めたルール通りに取引を行うかという点がもっとも重要です。

ただ一方で、投資はメンタルとの戦いでもあります。現実問題として大事なお金をかけるわけですから、感情は動きます。いくら投資資金を少なくしても、大事なお金に変わりはないため、多少は心も揺らぎます。1万円を稼ぐのが容易な高収入のビジネスパーソンでも、1万円損をすれば嫌な気持ちになるのです。なかには100円、1000円でも損をすれば不機嫌になる人も少なくないでしょう。

それでも投資に損失はつきものですから、それはあるものとして受け入れ、損失が出た後の感情の対処について知っておきましょう。

感情の動きのデータを取る

まずは「タラレバ」をやめること。「このとき買っていたら・売っていたら」と後悔だけしても、何の成果も得られません。

大切なのは、**後悔ではなく考えること、つまり、検証です**。漠然と後悔していては嫌な気持ちを引きずるだけですが、どういう事情があったのか、そのときに何をもとに判断したのか、というふうに振り返れば有意義な時間になります。結果に対しての向き合い方を変えるのです。

取引を行った日は日記を書くなどして、売買のデータ記録に加え、感情の動きに関するデータを取るとよいでしょう。

勝ちにくい相場には手を出さない

勝てるところでしっかり儲ける

　どれだけの投資のプロであっても、得意な相場と不得意な相場があります。誰でも100％勝てる取引はないため、どんな相場でも勝とうと考えるのは非現実的です。

　そんな世界で利益を上げ、成功しているトレーダーに共通するのが、ルールを厳格に守っているということ、そして、「自分が勝てる相場」に的を絞って取引を行っているということです。

　自分の武器や得意パターンに合わせた相場を選んで取引し、それ以外では取引しないことで、欲張らずにひとつの手法に集中することができます。そして、取引では決めたルールをしっかりと守ることで利益を積み重ねることができるのです。これを淡々と繰り返していくことが儲けの近道です。

「取引しない」ことも戦略

　自分の知らない相場、苦手な相場は避けるのがFXの鉄則です。特にFX初心者のうちは、これを徹底することが肝要です。

　相場はときに急変して、素早く値動きが乱高下し、「荒れる」状態となることがあります。

　こうした相場は動きが早くて値動きが読みづらい上に、価格の変動幅であるボラティリティが上昇してスプレッドが広がることで通常よりも利益が出にくい状態になります。経験の浅い初心者がこのような相場で取引しては、悲惨な結末を迎えることは明らかです。

「勝てる相場」で取引する。これを徹底するだけで無駄な損失をかなり軽減できます。

索引

田向宏行（たむかい・ひろゆき）

学生時代、資格試験に挑戦するも見事に失敗。受験浪人だったため就職しそこねて、生活のために事業を始める。同級生に比べ社会に出遅れたので、会社経営の合間に1989年から投資も開始。最初は金の積立や株式現物でスタート。十数年で事業を売却しその後は投資に専念。FX取引は2007年から開始。

2009年7本の移動平均線を使うブログ虹色FXを開始。2010年月刊FX攻略.comでFXコラムの連載開始。2011年よりインヴァスト証券 総合情報サイトINVAST NAVIに為替予想を執筆。2012年より西原宏一メルマガで、ディナポリ・チャートを使ったテクニカル分析を担当。2016年テレビ東京 ワールドビジネスサテライト他、テレビ出演。2023年からザイFXにてコラム執筆。FXや投資関連書籍の企画やラジオNIKKEIの投資番組制作協力、FXセミナーの企画構成やレポートの執筆、YenSpa!などへの寄稿や取材協力など幅広く活動。ほぼファンダメンタルズを考慮しない、テクニカル分析で取引する専業投資家。

著書に『誰でも学べば一生役立つ投資の基本技術』、『1日2回のチャートチェックで手堅く勝てる兼業FX（改訂版）』、『ずっと使えるFXチャート分析の基本』（自由国民社）、『臆病な人でも勝てるFX入門』（池田書店）など6冊。共著に『2022年版 FXの稼ぎ技225』（スタンダーズ）、他5冊、DVDに『ダウ理論で読み取る FXシンプルチャート分析』（パンローリング）がある。ダイヤモンド・フィナンシャル・リサーチよりFXメルマガ「ダウ理論で勝つ副業FX!」を毎日配信中。

執筆	tcl
本文イラスト	ひらのんさ
カバーデザイン	金井久幸（TwoThree）
校正協力	鈴木 中
本文デザイン・DTP	竹崎真弓（ループスプロダクション）、佐藤 修
編集・制作	金丸信丈、関根孝美（ループスプロダクション）

投資家の心理が読める
FXチャート大全

監修者 田向宏行
発行者 池田士文
印刷所 萩原印刷株式会社
製本所 萩原印刷株式会社
発行所 株式会社池田書店
〒162-0851
東京都新宿区弁天町43番地
電話 03-3267-6821（代）
FAX 03-3235-6672

落丁・乱丁はお取り替えいたします。
©K.K. Ikeda Shoten 2024, Printed in Japan
ISBN 978-4-262-17488-4

［本書内容に関するお問い合わせ］
書名、該当ページを明記の上、郵送、FAX、または当社ホームページお問い合わせフォームからお送りください。なお回答にはお時間がかかる場合がございます。電話によるお問い合わせはお受けしておりません。また本書内容以外のご質問などにもお答えできませんので、あらかじめご了承ください。本書のご感想についても、当社HPフォームよりお寄せください。
［お問い合わせ・ご感想フォーム］
当社ホームページから
https://www.ikedashoten.co.jp/

24008007